who?

글 오영석

어린이들이 재미있고 신나게 읽을 수 있는 책을 쓰기 위해 노력하는 작가입니다. 나와 똑같이 고민하고, 실패했던 위인들의 이야기를 통해 독자들도 '할 수 있다'는 마음을 가지길 바랍니다. 작품집으로 《세계사 한국사》, 《과학 교과 주제 탐구 Q.몸》, 《걸어서 세계 속으로 2. 일본》 등이 있습니다.

그림 이종원

1996년 잡지 《빅점프》 연재를 시작으로 학습, 코믹 등 다양한 장르의 만화를 그리고 있습니다. 작품집으로 《아기공룡 둘리 과학대탐험 1, 2》, 《아기공룡 둘리 세계대탐험 3》, 《황금교실−화학반응》, 《통째로 한국사 6》, 《Why? 국가와 국기》 등이 있습니다.

감수 경기초등사회과교육연구회
진로 탐색 감수 이랑(한국고용정보원 전임연구원)
추천 송인섭(숙명 여자 대학교 명예 교수)

 세계 인물

헬렌 켈러

개정판 1쇄 인쇄 2024년 11월 15일
개정판 1쇄 발행 2025년 1월 1일

글 오영석 **그림** 이종원

펴낸이 김선식
펴낸곳 다산북스

부사장 김은영
어린이사업부총괄이사 이유남
책임편집 박세미 **디자인** 김은지 **책임마케터** 김희연
어린이콘텐츠사업1팀장 박정민 **어린이콘텐츠사업1팀** 김은지 박세미 강푸른
마케팅본부장 권장규 **마케팅3팀** 최민용 안호성 박상준 김희연
편집관리팀 조세현 김호주 백설희 **저작권팀** 이슬 윤제희 **제휴홍보팀** 류승은 문윤정 이예주
재무관리팀 하미선 김재경 임혜정 이슬기 김주영 오지수
인사총무팀 강미숙 이정환 김혜진 황종원
제작관리팀 이소현 김소영 김진경 최완규 이지우 박예찬
물류관리팀 김형기 김선민 주정훈 김선진 한유현 전태연 양문현 이민운

출판등록 2005년 12월 23일 제313−2005−00277호
주소 경기도 파주시 회동길 490
전화 02−704−1724 **팩스** 02−703−2219
다산어린이 카페 cafe.naver.com/dasankids **다산어린이 블로그** blog.naver.com/stdasan
종이 신승NC **인쇄** 북토리 **코팅 및 후가공** 평창피앤지 **제본** 대원바인더리

ISBN 979−11−306−5820−9 14990

 품명: 도서 | **제조자명:** 다산북스
제조국명: 대한민국 | **전화번호:** 02)704−1724
주소: 경기도 파주시 회동길 490
제조년월: 판권 별도 표기 | **사용연령:** 8세 이상

※ KC마크는 이 제품이 공통안전기준에 적합하였음을 의미합니다.

헬렌 켈러

Helen Keller

다섯
어린이

자신만의 멘토를 만날 수 있는
who? 시리즈

다산어린이의 〈who?〉 시리즈는 어린이들은 물론 어른들에게도 재미와 감동을 주는 교양 만화입니다. 〈who?〉 시리즈는 전 세계 인류에 영향력을 끼친 인물들로 구성되었으며 인물들의 삶과 사상을 객관적으로 전해 줍니다.

이처럼 다양한 나라와 분야에서 활약한 위인들의 이야기를 통해 과학, 예술, 정치, 사상에 관한 정보는 물론이고, 나라별 문화와 역사까지 배우게 될 것입니다. 〈who?〉 시리즈의 가장 큰 장점은 위인들이 그들의 삶에서 겪은 기쁨과 슬픔, 좌절과 시련, 감동을 어린이들이 함께 느낄 수 있다는 것입니다. 어린이들은 이 책을 읽으면서 폭넓은 감수성을 함양하게 됩니다.

〈who?〉 시리즈의 어린이 독자들이 책 속의 위인들을 통해 자신만의 멘토를 만나 미래의 세계적인 리더로 성장하기를 진심으로 응원합니다.

존 덩컨 미국 UCLA 동아시아학부 교수

존 덩컨(John B. Duncan) 교수는 한국학 분야의 세계적인 석학으로 미국 UCLA 한국학 연구소 소장 및 동 대학의 동아시아학부 교수를 겸직하고 있습니다. 하버드 대학교 교환 교수와 고려 대학교 해외 교육 프로그램 연구센터장을 역임했으며, 주요 저서로는 《조선 왕조의 기원》, 《조선 왕조의 시민 행정의 제도적 기초》 등이 있습니다.

세상을 더 나은 곳으로 만든 사람들의 이야기

어린이들은 자라면서 수많은 궁금증을 가지게 됩니다. 그중에서도 "저 사람은 누굴까?"라는 질문은 종종 아이들의 머릿속을 온통 지배해 버리기도 합니다. 다산어린이에서 출간된 〈who?〉 시리즈는 그런 궁금증을 해결해 주기 위해 지구촌 다양한 분야의 리더들을 소개하고 있습니다.

〈who?〉 시리즈에 등장하는 인물들은 인종과 성별을 넘어 세상을 더 나은 곳으로 만든 사람들입니다. 어린이들은 이 책에서 디지털 아이콘으로 불리는 스티브 잡스는 물론 니콜라 테슬라와 같은 천재 발명가를 만날 수 있습니다.

책 속 주인공들의 어린 시절 이야기를 통해 기쁨과 슬픔, 도전과 성취감을 함께 맛보고, 그들과 함께 성장하면서 스스로 창조적이고 인류에 도움이 되는 사람이 되겠다는 포부와 자신감을 갖게 될 것입니다.

〈who?〉 시리즈 속에서 다채롭고 생동감 넘치는 위인들의 이야기를 만나 보세요.

에드워드 슐츠 하와이 주립 대학교 언어학부 교수

에드워드 슐츠(Edward J. Shultz) 하와이 주립 대학교 언어학부 교수는 동 대학의 한국학센터 한국학 편집장을 역임한 세계적인 석학입니다. 평화봉사단 활동의 하나로 한국에서 영어 교사로 근무한 경험이 있으며, 현재 한국과 미국, 일본을 오가며 활발한 활동을 펼치고 있습니다. 저서로는 《중세 한국의 학자와 군사령관》, 《김부식과 삼국사기》 등이 있고, 한국 중세사와 정치에 대한 다수의 기고문을 출간했습니다.

미래 설계의 힘을 얻는 길이
여기에 있습니다

어린이가 성장하는 시기에는 스스로 미래를 설계하며 다양한 책을
접하는 경험이 필요합니다.

어린 시절 만난 한 권의 책이 인생에 미치는 영향이 얼마나 큰지는
꿈을 이룬 사람들의 말을 통해서 알 수 있습니다. 빌 게이츠는 오늘날
자신을 만든 것은 동네의 작은 도서관이었다고 말하고, 오프라 윈프리는
어린 시절 유일한 친구는 책이었음을 고백하며 독서의 중요성에 대해
이야기합니다.

꿈을 이룬 사람들의 공통점은 또 있습니다. 그들에게는 어린 시절,
마음속에 품은 롤 모델이 있었습니다. 여러분의 롤 모델은 누구인가요?
〈who?〉 시리즈에서는 현재 우리 어린이들이 가장 닮고 싶어하는 롤
모델을 만날 수 있습니다. 버락 오바마, 빌 게이츠, 조앤 롤링, 스티브
잡스 등 세상을 바꾼 사람들의 감동적인 이야기를 담은 〈who?〉 시리즈는
어린이들이 구체적인 목표를 설정하고 희망찬 비전을 세울 수 있도록
도와줄 친구이면서 안내자입니다. 〈who?〉 시리즈를 통하여 자신의 인생
모델을 찾고 미래 설계의 힘을 얻을 수 있습니다.

송인섭 숙명 여자 대학교 명예 교수

숙명 여자 대학교 명예 교수이자 한국영재교육학회 회장으로
자기주도학습 분야의 최고 권위자입니다. 한국교육심리연구회
회장, 한국교육평가학회장, 한국영재연구원 원장을 역임했습니다.
자기주도학습과 영재 교육의 이론을 실제 교육 현장에 적용하기 위해
노력하고 있습니다.

평생을 이끌어 줄
최고의 멘토를 만날 수 있는 책

10대에 가장 중요한 것은 무엇일까요? 학과 공부와 입시일까요? 우리나라 최초의 국제회의 통역사로 30년 동안 활동하면서 글로벌 리더들을 만날 기회가 수없이 많았던 저는 대한민국의 초등학생들에게 특별한 조언을 해 주고 싶습니다. 그것은 큰 꿈을 가지는 것이 무엇보다 중요하다는 것입니다.

꿈은 힘들고 지칠 때 나를 이끌어 주는 힘이고 내 인생의 주인이 되어 일어설 수 있게 하는 원동력이 되어 줍니다. 꿈이 있는 아이가 공부도 잘하고 결국 그 꿈을 실현할 수 있게 되는 것입니다. 저 역시 어린 시절 품었던 꿈이 지금의 자리에 있게 한 원동력이었습니다. 남들이 모르는 큰 꿈을 마음속에 간직하고 있었기에 괴롭고 힘들어도 포기하지 않고 다시 일어설 수 있었습니다.

어린 시절 저에게도 힘들고 지칠 때마다 용기를 불어넣어 주고 힘이 되어 주었던 분들이 있었습니다. 지금의 자리로 저를 이끌어 준 멘토들처럼 〈who?〉 시리즈에서 여러분의 친구이자 형제, 선생이 되어 줄 멘토를 만날 수 있기를 바랍니다.

최정화 한국 외국어 대학교 교수

우리나라 최초의 국제회의 통역사로 현재 한국 외국어 대학교 통번역대학원 교수로 재직 중입니다. 세계 무대에서 자신의 꿈을 이룬 여성 신화의 주인공으로, 역시 세계에서 꿈을 펼치려고 하는 청소년들에게 멘토로서의 역할을 충실히 하고 있습니다. 저서로는 《외국어 내 아이도 잘할 수 있다》, 《외국어를 알면 세계가 좁다》, 《국제회의 통역사 되는 길》 등이 있습니다.

차 례

추천의 글 4

1

짐승 같은 아이 12

통합 지식＋ 1 헬렌 켈러의 성공 열쇠 30

2

설리번 선생님과의 만남 34

통합 지식＋ 2 장애인의 생활 56

3

서리 왕 이야기 60

통합 지식＋ 3 헬렌 켈러를 응원한 사람들 76

4

새로운 꿈을 향한 도전 80

통합 지식＋ 4 장애를 극복한 사람들 102

Helen
Keller

5 나의 책, 나의 이야기 106
   통합 지식✚ 5 헬렌 켈러의 책 122

6 세상을 향한 외침 126
   통합 지식✚ 6 헬렌 켈러와 사회주의 144

7 꺼지지 않는 희망 148

어린이 진로 탐색 사회 복지사 166
연표 174 / 찾아보기 176

헬렌 켈러

생후 19개월 때 뇌척수막염으로 보지도, 듣지도, 말하지도 못하는 장애를 가지게 된 헬렌 켈러의 삶은 암흑 그 자체였습니다. 하지만 앤 설리번 선생님을 만난 후 헬렌 켈러의 삶은 완전히 달라졌어요. 과연 어떤 변화가 일어난 걸까요?

- 이름: 헬렌 켈러
- 생몰년: 1880~1968년
- 국적: 미국
- 직업·활동 분야: 작가,
  사회 사업가
- 주요 작품:
  《헬렌 켈러 자서전》,
  《사흘만 볼 수 있다면》 등

케이트 아담스 켈러

헬렌 켈러가 살던 당시에는 장애인에 대한 편견이 극심했습니다. 장애가 있다는 이유만으로 손가락질 받기도 하고, 장애인은 아무것도 할 수 없다고 여겨지기도 했어요. 하지만 그런 사회적 편견 속에서도 헬렌 켈러의 어머니 케이트 아담스 켈러는 장애를 가진 딸을 포기하지 않고 헬렌 켈러에게 더 나은 삶을 열어 주기 위해 노력합니다.

앤 설리번

헬렌 켈러의 가정교사가 된 앤 설리번은 많은 어려움에도 불구하고 그녀에게 제대로 된 교육을 시키기 위해 온 힘을 다합니다. 그리고 헬렌 켈러의 평생 동안 스승이자 친구, 동반자로 함께하게 되지요.

들어가는 말

■ 보지도, 듣지도, 말하지도 못하는 장애를 가졌던 헬렌 켈러가 어떻게 그 장애들을 이겨 낼 수 있었는지 알아봐요.

■ 헬렌 켈러가 살던 당시 미국과 유럽 사회에는 어떤 사건들이 일어나고 있었는지 살펴봅시다.

■ 사회적 약자를 위한 활동을 펼치는 사회 사업가와 사회 복지사는 구체적으로 어떤 일을 하는 건지 알아봅시다.

1 짐승 같은 아이

1882년, 미국 앨라배마주 터스컴비아.

한 아이가 병을 앓고 있었습니다.

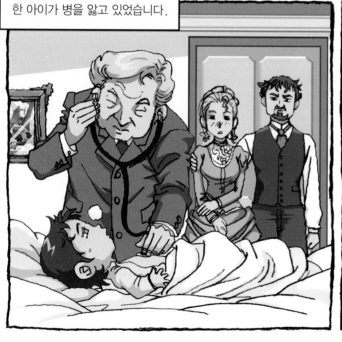

이 아이가 바로 헬렌 켈러입니다.

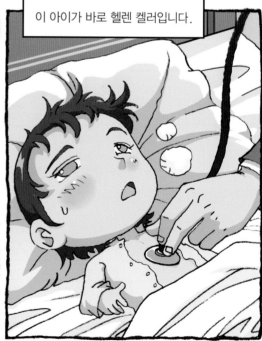

후유, 곤란하군요.

무슨 말씀이시죠?

이 아이가 태어난 지 얼마나 되었죠?

19개월입니다.

뇌척수막염입니다. 이 아이는 얼마 살지 못할 겁니다.

뭐라고요?

마음의 준비를 하셔야겠습니다.

오, 가여운 헬렌······.

오, 헬렌!

자, 헬렌. 엄마 보이지?
엄마! 엄마라고 해 봐.

헬……렌?

멀뚱

헬렌, 엄마한테
오렴.

헬렌, 자! 저기 엄마가 두 팔 벌리고 있지?
가 봐라, 헬렌.

헬렌, 어디로 가는 거니?

여보, 잠깐만.

휘
휘

여보, 헬렌이…….

헬렌?

태어난 지 19개월.
뇌척수막염을 앓은 헬렌은
시력과 청력을 잃고 말았습니다.

4년 후.

마님, 마님!

무슨 일이지,
마르타?

큰일 났어요!
아가씨 옷에 불이……

뭐?

헬렌!

타
타

벽난로 앞에서 놀다가 치마에
불이 붙은 모양이오. 이제 괜찮소.

헬렌은 보지도, 듣지도, 말하지도
못하는 3중 장애를 앓고 있었습니다.
헬렌의 세상은 조용한 암흑뿐이었습니다.

오, 우리 아가.

쿠우울

여보, 헬렌을 어떡하죠?

어떡하다니?

보지도, 듣지도, 말하지도 못해요.
화가 날 땐 이상한 괴성만 지르죠.
점심때는 자기가 좋아하는 음식이
없으니까 접시를 마구 던졌어요.

감정을 표현
하는 방법이
거친 것뿐이오.
이게 그 아이의
운명이오.

하지만 장애를
고칠 수만 있다면…….

당시 사람들은 장애인을 하늘의 벌을 받은 사람이라고
여겼습니다. 그래서 장애를 가지고 태어난 아이는
불길한 징조라 하여 내다 버리거나 죽이기도 했습니다.

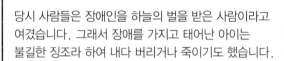

헬렌의 아버지는 다른 사람들이 장애를 가진
자신의 딸을 흉볼까 봐 헬렌을 집에만 있게
했습니다. 하지만 어머니는 달랐습니다.

어머, 앞이 안 보이나 봐.
무슨 죄를 지었기에
저런 천벌을 받은 거지?

가까이 가지 마요.
저 사람이 지은 죄가
우리한테 옮겨
붙을지도 몰라요.

이대로 있을
수는 없어.
헬렌의 장애를
고쳐야 해.

어머니는 헬렌의 눈을 고치기 위해
시각 장애인에 대한 책을 읽기 시작했습니다.

그중 찰스 디킨스가 쓴
《아메리칸 노트》는 큰 인상을 남겼습니다.

그래, 이거야!

이게 뭐요?

찰스 디킨스란
영국 작가가 미국
여행을 하면서
느낀 점을 쓴
책이에요. 거기
표시해 놓은
부분을 봐요.

흐음……

《아메리칸 노트》에는
찰스 디킨스가
로라 브리지먼이라는
젊은 여성을 만나고
크게 감동했던 내용이
서술되어 있었습니다.

로라 브리지먼? 앞을 볼 수도 없고,
들을 수도 없으며, 말할 수도
없는……

중복 장애인?

로라 브리지먼은 헬렌 켈러처럼 시력, 청력을 잃은 중복 장애인이었습니다.

그러나 맹인 전문 학자 하우이 박사를 만나 교육을 받은 후, 뜨개질을 하고 수화로 의사를 표현할 수 있게 되었습니다.

놀랍군! 앞도 못 보면서 어떻게 뜨개질을 할 수 있지?

와 아

여보, 헬렌을 하우이 박사님께 데려가요.

로라 브리지먼처럼 교육을 받을 수 있을 거예요.

하지만 이건 40년 전에 있었던 일이잖소.

로라 브리지먼도 이제 할머니가 되어 있을 테고, 하우이 박사는 이미 이 세상 사람이 아닐 거요.

아······.

어머니는 포기하지 않고 다시 헬렌을 위해 도움이 될 만한 것들을 찾았습니다.

헬렌에게는 한 살짜리 동생이 있었습니다. 하지만 암흑 속에서 살던 헬렌에게 아기는 성가시고 귀찮은 존재일 뿐이었습니다.

아악! 아악!

콰당

으앙, 으아앙~

헬렌,
무슨 짓이니?

하지만 들리지 않는 헬렌은 어머니가 야단치는
동안 다른 곳을 보고 있었습니다.

……

맞아,
헬렌은 아기의
울음소리를
들을 수 없어.

이건 헬렌 탓이
아니야.
반드시 제대로 된
교육을 해야 해.

헬렌의 어머니는 수소문 끝에
유명한 의사를 소개받고 의사가
사는 볼티모어로 향했습니다.

으음…….

쩝.

어떤가요?

방법이 없습니다.
이건 고칠 수 있는 병이
아닙니다. 대신…….

대신이요?

벨 박사를
만나면 뭔가 도움이
될지도 모르겠군요.

벨……?

알렉산더 그레이엄 벨은 원래 보스턴에서 청각 장애인을 가르치던 교사였습니다. 청각 장애인을 위한 보청기를 연구하다가 전화기를 발명해 유명해졌습니다.

어머니는 헬렌을 데리고 벨을 찾아갔습니다.

얌전한 아이군요.

원래는 그렇지 않은데, 기차 여행을 하면서 지쳤나 봐요.

이걸 한번 만져 보겠니, 헬렌?

......

뭘 하는 거죠?

헬렌이 시계 초침이 움직이는 작은 진동을 느끼고 있는 겁니다.

그럼 헬렌도 교육을 받을 수 있는 건가요?

가능성이 있습니다. 마이클 애너그노스에게 편지를 써 보세요.

그 사람이 누구죠?

......

시청각 장애인 교육 전문가 하우이 박사를 아십니까?

아, 로라 브리지먼을 교육했던 하우이 박사님!

네. 그분이 생전에 '퍼킨스'라는
시각 장애인 전문 학교를 세웠는데,
지금 그 학교의 교장이
애너그노스입니다.
하우이 박사의 사위죠.

전문가라고요?

퍼킨스 학교에는
헬렌 같은 아이들을
가르칠 수 있는
전문가가 있습니다.

네. 헬렌은 아직 어리니까
기숙사에 들어가기는 이르고,
선생님 한 분을 집으로 모셔 와서
교육하는 것이 좋을 것 같습니다.

헬렌, 이제 됐어!

정말 감사합니다,
교수님!

하하하. 나도 이야기를
해 놓을 테니 어서
편지를 보내세요.

헬렌의 어머니는 애너그노스에게
중복 장애인을 교육할 선생님을
보내 달라고 편지를 썼습니다.

애너그노스는 편지를 받은 후
헬렌을 가르칠 선생님을
찾아냈습니다.

친애하는 앤,

헬렌을 가르치게 될 선생님은 이제 갓 스무 살이 된
퍼킨스 학교 졸업생이었습니다.

터스컴비아에 일자리가 있다.
시청각 장애를 앓는 여자아이의
가정 교사를 구하고 있으니,
생각이 있으면 속히 답을 해다오.
— 애너그노스

벨이 말했던 전문가와는
거리가 먼, 지금껏 한 번도
누군가를 가르쳐 본 적이 없는
'앤 설리번'이었습니다.

내가 가르칠
첫 아이!

헬렌 켈러의 성공 열쇠

헬렌 켈러(1880~1968년)는 생후 19개월에 병을 앓아 시력과 청력을 잃었지만 스승인 앤 설리번으로부터 교육을 받으면서 자신의 장애를 극복해 나갔습니다. 헬렌은 중복 장애인으로서는 최초로 대학에서 인문계 학사 학위를 받아 인간 승리의 표본으로 인정받았습니다.

헬렌 켈러는 장애를 이겨 낸 여성에서 한발 더 나가 많은 글을 쓴 작가였으며, 여러 곳을 여행하며 많은 사람 앞에서 연설한 연설가였습니다. 또한 전쟁을 반대한 반전 주의자였고 인종 차별, 여성 차별 등 당시에 당연시되었던 사회적 차별을 반대한 인권 운동가였습니다. 그럼 헬렌 켈러가 어떻게 장애를 극복하고 이렇게 열정적인 삶을 살게 되었는지 한번 살펴볼까요?

장애를 극복하고 인간 승리를 이룬 헬렌 켈러

하나 긍정적인 마음가짐

헬렌 켈러가 살았던 20세기 초반에는, 장애인은 아무것도 할 수 없는 사람이라는 편견이 널리 퍼져 있었습니다. 헬렌의 부모 역시 그런 사회 분위기 속에서 헬렌이 집안에서 생활하기에 불편하지 않을 정도로만 교육을 하려고 했습니다. 하지만 헬렌은 앤 설리번을 만나면서 새롭게 태어났습니다. 앤 설리번은 장애인도 비장애인처럼 모든 것을 할 수 있다고 믿었습니다. 헬렌은 앤 설리번의 가르침을 받아 점자를 통해 글을 읽고, 타자기로 글을 쓰면서 작가로서의 재능을 발견해 나갔습니다. 또한 발성법을 배워 비장애인처럼 말을 할 수 있게 되었습니다. 이렇듯 헬렌은 장애가 자신의 인생을 방해하지 못할 거라는 긍정적인 생각을 갖고 열심히 노력한 끝에 자신이 원하는 바를 이루어 냈습니다.

헬렌 켈러 기념관

둘 포기하지 않는 끈기와 노력

헬렌 켈러는 시각과 청각 장애 탓에 보통 사람들보다 배우는 속도가 느렸습니다. 점자책으로 책을 읽어야 했고, 그러다 보니 필요한 내용을 그때그때 찾아보기 어려워 책 한 권의 내용을 통째로 머릿속에 암기해야 했습니다. 수업을 들을 때는 앤 설리번이 헬렌의 손에 글씨를 써서 통역해 주어야 내용을 알 수 있었고, 필기를 할 수 없었기 때문에 강의 내용을 모두 외워야 했습니다. 강의 내용이 어려워 앤 설리번마저도 제대로 설명하지 못할 때에는 헬렌 스스로 깨우쳐 가며 공부해야 했습니다.

1888년 앤 설리번과 함께 바닷가에서 휴가를 보내는 헬렌 켈러

그렇지만 헬렌은 열심히 공부했기 때문에 비장애인 학생들에게 뒤처지지 않았습니다. 헬렌은 어떤 어려움에 부딪혀도 절대 포기하지 않았고, 자기 스스로 다독이며 어려움을 헤쳐 나갔습니다. 이러한 끈기와 노력으로 헬렌 켈러는 독일어, 그리스어, 프랑스어를 익힐 수 있었고, 대학 졸업 후엔 전 세계로 강연을 다니는 등 활발한 사회 활동을 펼칠 수 있었습니다.

앤 설리번과 헬렌 켈러의 동상 © Daderot

who? 지식사전

찰스 디킨스의 《아메리칸 노트》

찰스 디킨스는 영국의 소설가입니다. 어릴 때부터 가난에 시달리며 세상의 어두운 면을 일찍이 접한 그는 사회를 풍자하는 작품을 많이 남겼습니다. 주요 작품으로는 《크리스마스 캐럴》, 《올리버 트위스트》, 《데이비드 카퍼필드》, 《위대한 유산》 등이 있습니다. 특히 그가 미국을 여행하며 겪은 일들을 책으로 엮은 《아메리칸 노트》는 헬렌 켈러의 삶에 큰 영향을 주었습니다. 헬렌의 어머니는 이 책을 통해 시청각 장애인인 로라 브리지먼이 교육을 받았다는 사실을 알게 되었습니다. 이를 계기로 헬렌의 부모님은 헬렌을 교육시키기로 마음먹었고 많은 노력 끝에 앤 설리번을 만나게 되었습니다.

영국의 소설가 찰스 디킨스

셋 **사회 활동과 신념**

헬렌 켈러가 살던 시대에는 장애인, 흑인, 여성에 대한 차별이
심했습니다. 그리고 강대국이 힘으로 약한 나라를 굴복시키는
제국주의의 영향으로 제1차 세계 대전과 제2차 세계 대전이
일어나는 등 어수선한 상황이었습니다.

그런 상황에서 대학을 졸업하고 작가로서의 길을 걷던
헬렌 켈러는 그 당시 당연하게 여겨지던 차별과 전쟁에
반대했습니다. 그뿐만 아니라 자본주의를 비판함으로써
자신을 후원해 주던 부자들은 물론 미국 정부의 눈 밖에
나기도 합니다. 어떤 사람들은 장애인인 헬렌이 스스로
그와 같은 생각을 했다는 것을 믿으려 하지 않았습니다.

결국, 헬렌의 사회 비판적 발언은 많은 적을
만들었습니다. 헬렌의 후원자들은 후원금을
끊었고, 미국 정부는 헬렌을 감시했습니다.
고향의 백인들은 흑인 차별에 반대하는 헬렌을
배신자로 낙인찍었습니다. 앤 설리번조차
헬렌의 발언에 대해 걱정을 하였으나 헬렌은
자신이 옳다고 믿는 신념을 끝내 꺾지
않았습니다.

미국 의회 의사당에 설치된 헬렌 켈러 동상.
의사당에 설치된 동상 중 장애인은 물론,
어린이를 모델로 한 최초의 동상이에요.

미국의 가장 유명한 참전 포스터
"나는 네가 미합중국 육군에
지원하기를 바란다"(1917년 작)

who? 교과연계 ▶ 사회 4학년 2학기 2. 사회 변화와 우리 생활

여성 참정권

여성 참정권이란 여성이 정치에 참여할 수 있는 권리를 뜻하는 말입니다. 미국은
민주주의 국가이지만 19세기까지 여성의 참정권을 인정하지 않았습니다.
1848년에 최초로 뉴욕에서 여성 참정권 운동이 열리면서 여성 단체가
조직되었고, 여성 참정권을 얻기 위한 체계적인 운동을 전개했습니다. 결국,
제1차 세계 대전이 끝난 후에 헌법 수정안이 미국 의회를 통과하면서 1920년부터
여성도 남성과 동등한 참정권을 가지게 되었습니다.

미국 여성 선거권 협회 대표단

비록 헬렌의 신념은 비난받았으나 오래지 않아 헬렌이 옳았다는 것이 증명되었습니다. 사람들은 점차 장애인 복지에 관심을 두었고, 여성이 정치에 참여하기 시작했으며, 인종 차별도 점점 사라지게 되었습니다.

넷 헬렌 켈러의 조력자

장애인이었던 헬렌 켈러가 사회 활동을 활발히 할 수 있었던 것은 많은 사람의 도움이 있었기 때문입니다.
헬렌의 부모님과 앤 설리번, 헬렌에게 설리번 선생을 소개한 알렉산더 그레이엄 벨, 설리번의 뒤를 이어 헬렌과 평생을 함께한 폴리 톰슨, 소설가이자 진보주의자였던 마크 트웨인 등은 모두 헬렌 켈러의 든든한 조력자였습니다.
헬렌 켈러의 후원자들 중에는 기업가들도 있었습니다.
미국의 철강 재벌이었던 앤드루 카네기와 같은 기업가들의 경제적인 도움이 없었다면, 헬렌 켈러는 영원히 암흑 속에 갇혀 살았을지도 모릅니다.

미국의 철강왕으로 불린 앤드루 카네기

who? 지식사전

프랜시스 버넷의 《소공자》

헬렌 켈러가 처음으로 읽은 소설책은 《소공자》입니다. 이 소설은 미국의 5세 소년이 영국 드링코트 백작 가문의 대를 잇기 위해 할아버지의 집으로 오면서 벌어지는 이야기를 다루고 있습니다. 헬렌 켈러는 《소공자》를 좋아해서 그 내용을 거의 외울 정도였다고 합니다. 헬렌이 책에 흥미를 느끼기 시작한 것도 이 책을 만나고부터였습니다.
이 책의 작가 프랜시스 버넷은 영국 맨체스터에서 태어나 미국에 이민 온 소설가입니다. 생계를 위해 글을 쓰기 시작한 프랜시스는 천부적인 글솜씨로 아이들을 주인공으로 하는 소설을 써서 아동 문학에서 두각을 나타냈습니다.

미국의 작가 프랜시스 버넷

대표작으로는 《소공자》 외에도 기숙 학교에서 온갖 학대와 고난을 겪다가 아버지가 남긴 유산을 통해 신분의 반전을 이루는 여주인공의 이야기를 다룬 《소공녀》, 10년간 폐쇄되었던 화원을 가꾸며 우정을 쌓고 건강을 회복하는 아이들의 이야기를 다룬 《비밀의 화원》 등이 있습니다.

2 설리번 선생님과의 만남

1887년 3월 3일.

앤 설리번 선생님이시죠?
기다리고 있었어요.

반갑습니다.
제가 가르칠 아이는
어디 있죠?

헬렌은 저기 있어요.

더듬
더듬

헬렌, 반가워.

헬렌은 보고 들을 수는 없었지만,
다른 감각은 놀라울 만큼 발달해
있었습니다.
앤이 다가가자 헬렌은 인기척을
느끼고 돌아보았습니다.

헬렌은 어머니일 거라고 생각해
안기기 위해 팔을 뻗었습니다.

끄으…… 끄으…….

헬렌?

저인 줄 알고 안겼다가 낯선
사람인 걸 알고 놀라서 그래요.

ㅇㅇㅇㅇ…….

이렇게 예쁜 아이가
저런 비참한 모습으로
살고 있다니…….

선생님, 방으로 가실까요?

아, 네.

불편한 게 있으면
언제든 말씀해 주세요.

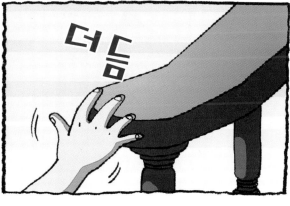

더듬

더듬

선생님께서는 이 방을 쓰시면 돼요.

네, 감사합니다.

그럼 짐 풀고 계세요.

네, 부인.

후~

덜컥

언제 왔니?

헬렌, 이거 만져 볼래?

......

탁

우어어어…….

이건 '인형'이라는 거야.
인! 형!

슥슥

앤 선생님이 인형을 빼앗아 간다고
생각해 화가 난 헬렌은 마구 손을 휘저어
앤 선생님을 때리고 발로 걷어차기
시작했습니다.

으아아아! 아아아!

아아아! 아악!

못된 아이구나.
헬렌, 이러면 안 돼!

악!

아얏!

헬렌은 괴성을 지르고 난폭하게 굴었습니다.
앤 선생님은 그 모습을 두고 볼 수 없었습니다.
그건 사람이 아닌 짐승의 몸짓에 불과했기 때문입니다.

그만해!

악!

넌 정말
못된 아이구나.
이런 행동은
내가 온 이상 절대
용서 못 해.

지금까지 헬렌은 하고 싶은 대로 하고 살았습니다.
가족들이 장애를 가진 헬렌이 불쌍하다는 이유로
하고 싶은 대로 놔두었기 때문입니다.
자신을 제지하는 앤 선생님의 행동에 헬렌은
처음으로 큰 충격을 받았습니다.

식사 시간이 되었습니다. 헬렌의 부모님, 그리고 헬렌과
앤 설리번 선생님이 처음으로 식사하는 자리였습니다.

고맙습니다, 켈러 씨.

먼 길 오느라
수고하셨습니다,
설리번 선생님.

응?

이게 무슨 짓이지?
남의 접시에 손을 대다니,
예의 없는 꼬마구나.

이게 무슨 짓입니까,
설리번 선생님!
저 아이가
가엾지도 않소?
보지도, 듣지도
못한단 말이오.

가엾다고 내버려 두었다가 평생
짐승처럼 살게 할 생각이십니까?
보세요, 저 아이를!

으어어

아악! 아아아악!

감정 표현이라고는
분노밖에 할 줄
모르는군요.
저 아이에게 예절을
가르쳐야 합니다.
그래야 사람다워져요!

내 딸이 짐승이라는 거요?
그런 무례한 말을 하고도
내 집에서 일할 수 있을 것 같소?

여보, 그만해요.
선생님은 헬렌을 위해서
그러는 거예요.

단호하게 말하는데, 이런 행동을
모르는 척할 수는 없소!

그러시다면 저도 단호하게 말하겠어요. 이제부터 두 분은 여기서 나가 주세요.

뭐, 뭐라고요?

네?

두 분은 올바른 교육에 방해가 됩니다.

식사 예절을 가르칠 테니, 잠시 나가 주시겠습니까?

앤 설리번 선생님은 고작 스무 살이었지만, 당찬 여성이었습니다. 그 기세에 헬렌의 부모는 자리를 비켜야 했습니다. 그러나 아버지는 앤 선생님을 믿지 않았습니다.

아무리 그래도 헬렌을 함부로 대한다면 가만있지 않을 거야.

한 달 안에 변화가 없으면 쫓아내겠어.

철컥

으어……

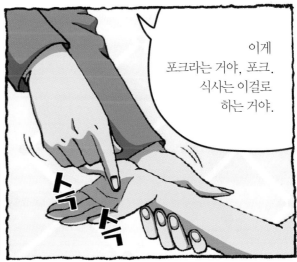

이게 포크라는 거야, 포크. 식사는 이걸로 하는 거야.

스즉
스즉

헬렌은 도대체 왜 앤 선생님이 무언가를 손에 쥐어 줬다가 빼앗고는 손바닥에 뭔가를 끄적거리는지 이해할 수 없어 화가 났습니다.

아악! 아악!

팍
팍
팍

그래? 그렇게 나온다면 나도 어쩔 수 없어!

짝짝

헬렌은 어머니를 찾았습니다.

우어어······
우어······.

널 도와줄 사람은 여기 없어.
얌전히 식사하지 못하겠다면 굶어.

앤 선생님은 헬렌이 포크를 들고
자기 자리에 앉아 얌전히 식사를
마칠 때까지 식당 문을 열어 주지
않았습니다. 헬렌이 아무리 울어도
소용없었습니다.

앤 선생님은 헬렌이 떼를 쓰고 소리를 지르고, 때리고 울어도 반응이 없었습니다. 그러자 마침내 헬렌의 고집이 꺾였습니다.

그래, 헬렌. 이제부터 제대로 식사를 해 보자.

앤 선생님을 이길 수 없다고 느낀 헬렌은 고분고분해졌습니다. 그러나 배고픔을 달래기 위해 참은 것일 뿐, 헬렌이 앤 선생님의 가르침을 진심으로 받아들인 건 아니었습니다.

크으…….

앤 선생님 역시 그런 헬렌의 마음을 알고 있었습니다.

내가 정말 저 아이를 가르칠 수 있을까?

아니야! 약해지지 말자. 가르쳐야 해.

저렇게 살게 내버려 둘 수 없어! 예절을 가르치고 말을 가르쳐야 해.

힘들더라도 저 아이가 사람답게 살 수 있도록 가르쳐야 해. 반드시!

앤 선생님은 헬렌의 부모님께 뜻밖의 제안을 했습니다.

헬렌과 전 따로 살겠습니다.

뭐라고요? 따로 살겠다니요?

그게 무슨 소리죠?

선생도
시각 장애인이었단
말이요?

거의 보지 못했습니다.
지금은 수술로 좋아졌지만, 언제
다시 시력을 잃을지 모릅니다.

그렇다고 해도
난 선생을 믿기가······.

여보,
잠깐만.

선생님,
그럼 별채에서
지내시는 건
어떨까요?

대신 헬렌이
별채란 걸 알 수
없도록 가구 배치를
모두 바꾸고 집에서
멀리 나온 것처럼
꾸며 주세요.

헬렌은 바로 집 옆에 있는
별채에서 앤 선생님과 함께
살게 되었습니다.

집에서 멀리 떨어진 곳에 앤 선생님과 단 둘만
남겨졌다고 생각한 헬렌은 무척 화를 냈습니다.

쾅 쾅 쾅

크아아아!
아악!

엄마를 찾고 있구나,
그렇지?
하지만 엄마는
여기 안 계셔.

그건 '벽'이야. 네가 지금
치고 있는 건 벽이라는 거야.

슥 슥

으아앙,
아앙…….

탁

앤 선생님은 별채에서 헬렌에게 예절과 단어를 가르쳤습니다.
헬렌은 거세게 저항했지만, 앤 선생님은 그런 헬렌을
더 강하게 대했습니다.

네 그 못된 버릇을
고쳐 놓기 전에는 여기서
절대 나가지 않아!

으아 아 앙

힘으로 앤 선생님을 이길 수 없다는 것을 깨달은
헬렌은 어쩔 수 없이 예절을 배우게 되었습니다.

그러나 헬렌은 앤 선생님이 손바닥에 적어 주는
게 도대체 무엇인지 이해할 수 없었습니다.

그래, 헬렌. 냅킨은 그렇게
쓰는 거야.

그렇게 별채에서 생활한 지
2주가 지났습니다.

괜찮아, 그건 물이야.

물! 물!

?

좋아. 일단 나갈까?

으어……
으어…….

앤 선생님은 헬렌의 손을 잡고 성큼성큼 밖으로 나갔습니다. 그러나 헬렌은 갑자기 자신을 끌고 가는 앤 선생님의 손길이 두려워 끌려가지 않으려고 안간힘을 썼습니다.

괜찮아, 혼내려는 게 아니야.

펌프 앞에 도착한 앤 선생님은 펌프를 움직여 물을 끌어올렸습니다.

이게 물이야, 물!

으어어.

네가 매일 세수하고 마시는 거!

그 순간이었습니다.
헬렌의 머릿속에 물이란 단어가 들어왔습니다.

헬렌은 드디어 앤 선생님이 자신의 손바닥에 적어
준 것들이 사물의 이름이라는 것을 깨달았습니다.

헬렌은 그날, 사물에는
각각을 부르는 이름이 있고,
또 이름을 표현하기 위한
말과 글이 있음을 처음으로
알게 되었습니다.
헬렌은 앤 선생님의 손바닥에
글을 적었습니다.
물, 물, 물!

으어어…….

펌프, 이건 펌프야.

나? 난 선생님.

무언가를 안다는 것,
그것은 기쁨이었습니다.
헬렌은 기쁨의 소리를
내질렀습니다.

꺄악! 아악!

물, 펌프, 선생님, 찻잔, 식탁, 문…….
암흑 속에 살던 헬렌에게 단어가 빛이 되어 쏟아져 들어왔습니다.
헬렌이 세상과 소통하는 관문이 마침내 열린 것입니다.

장애인의 생활

하나 장애인이란?

장애인은 신체 일부에 장애가 있거나 정신적으로 이상이 있어서 일상생활이나 사회생활에 지장이 있는 사람을 뜻합니다. 장애인은 태어날 때부터 장애를 안고 태어난 선천적 장애인과 비장애인으로 살다가 사고를 당해 장애를 겪게 된 후천적 장애인으로 구분합니다. 헬렌 켈러는 생후 19개월에 뇌척수막염이라는 질병을 앓고 난 후 시각과 청력을 잃은 후천적 장애인입니다. 그렇다면 장애의 종류에는 어떤 것들이 있는지 알아볼까요?

둘 장애의 종류

신체적 장애

- 시각 장애: 시력을 완전히 잃거나 시력이 극도로 약해서 제대로 앞을 볼 수 없는 경우를 말합니다. 한쪽 눈만 보이는 경우도 시각 장애입니다.
- 청각 장애: 소리가 전혀 들리지 않거나 들리더라도 정확하게 듣지 못해 소리를 이해하지 못하는 경우를 말합니다. 소리를 듣지 못하면 말을 제대로 배울 수가 없으므로 청각 장애인은 대부분 말을 할 수 없습니다.
- 지체 장애: 지적 능력은 정상이나 소아마비, 신체 절단 등으로 몸이 불편한 경우를 말합니다.
- 뇌병변 장애: 주로 뇌성마비 환자로, 뇌의 변형으로 일상생활에 지장이 있으나 지적 능력은 정상입니다.
- 기타: 기형이거나 화상 등으로 얼굴이 일그러진 안면 장애, 심장이나 간 등 장기에 문제가 있어 생활에 지장이 있는

장애인을 나타낸 픽토그램. 장애인용 화장실이나 엘리베이터 등에서 볼 수 있어요.

장애인 전용 주차 공간

내부 신체 장애 등이 있습니다.

정신적 장애

- 지적 장애: 지능 지수가 70 이하여서 정신 연령이 신체의 발달 속도를 따라가지 못하는 경우를 말합니다.
- 정신 장애: 정신 분열증, 불안 장애, 강박 장애, 손을 흔들거나 얼굴을 찡그리는 등 몸의 특정한 곳이 의지와 상관없이 반복적으로 움직이는 틱 장애 등이 있습니다.
- 자폐성 장애: 현실과 동떨어진 내면세계에 빠져 다른 사람들과 의사소통을 하지 못하는 자폐증을 앓는 경우를 말합니다.
- 기타: 다운 증후군 등 염색체 이상으로 발생하는 질병으로 인해 정신 지체, 신체 기형, 성장 장애가 발생하기도 합니다.

중복 장애

각종 장애 중 두 가지 이상의 장애를 동시에 가진 경우를 중복 장애라고 합니다. 헬렌 켈러는 시력과 청력을 잃은 중복 장애인이었습니다.

시각 장애인을 돕는 안내견 ⓒ Honza Groh

who? 지식사전

시각 장애인에게 빛을 준 점자

점자란 시각 장애인을 위해 손가락으로 더듬어 읽을 수 있는 문자를 말합니다. 점자 체계를 완성한 사람은 19세기 프랑스의 왕립 맹아 학교 학생이었던 루이 브라유입니다. 그 당시 군대에서는 어두운 밤에 병사들에게 명령을 전달하기 위해 만든 야간 문자를 사용했습니다. 브라유는 야간 문자에서 힌트를 얻어 6개의 점으로 알파벳을 표현하는 점자 체계를 완성했습니다. 브라유 점자의 발명으로 시각 장애인도 글을 쓰고 읽을 수 있게 된 것입니다. 우리나라에서는 1926년 맹아 학교 교사였던 박두성이 '브라유 점자'를 한글에 맞게 고쳐 '훈맹정음'을 만들었고, 이후 꾸준한 보완 작업을 거쳐 사용되고 있습니다.

점자 체계를 완성한 루이 브라유

헬렌의 손을 잡고 수화로 책의 내용을
전달하는 앤 설리번 선생님

셋　과거의 장애인 생활

과거에 장애인은 많은 차별을 받았습니다. 사람들은
장애인이 모든 면에서 능력이 떨어진다고 생각했습니다.
그래서 장애인들은 교육의 기회를 얻지 못했고 직업을
구하기도 어려웠습니다. 대부분의 장애인들은 가난한
생활에서 벗어날 수 없었습니다.

또한 사람들은 장애인은 하늘의 벌을 받고 태어났다는
미신을 믿었습니다. 이런 미신 때문에 장애인을 둔 가족은
집안에 장애인이 있다는 사실이 외부에 알려지는 것을
꺼렸습니다. 장애인들도 자신이 장애를
가지고 있다는 것을 부끄럽게 여겨 밖에
나가지 않고 집 안에서만 지내는 경우가
많았습니다.

이렇게 장애인은 교육도 제대로 받지 못한 채
사람들의 차별을 견디며 살아야 했습니다.

국제 신체 장애인 체육 대회 '패럴림픽'

who? 지식사전

청각 장애인의 입이 되는 수화

수화는 소리를 듣지 못하는 청각 장애인이나 말을 하지 못하는 언어 장애인이 의사소통하는
방법입니다. 손가락 모양, 손의 방향, 손의 위치 등을 통해 단어, 문장, 글자 하나하나 모두
표현할 수 있습니다. 이것은 1520년 프랑스 사람인 드레페가 수화법을 만들면서 체계적으로
자리를 잡기 시작했습니다.

수화는 나라별로 단어를 표현하는 방법이 다르기 때문에 외국인과 수화를 하려면 외국어를
배우듯 그 나라의 수화를 익혀야 합니다.

헬렌 켈러처럼 청각 장애와 시각 장애를 동시에 가진 사람은 수화를 눈으로 볼 수 없기에
이런 경우에는 손을 잡고 하는 수화를 사용합니다. 헬렌 켈러는 의사소통을 위해 수화를
배웠지만, 발성법을 익힌 후로는 수화를 거의 사용하지 않았다고 합니다.

알파벳 N을 나타내는 수화

넷   현재의 장애인 생활

사회가 발전하면서 장애인의 생활에도 많은 변화가
생겼습니다. 헬렌 켈러와 같이 비장애인 못지않은
능력을 보여 주는 장애인들이 나타나면서 장애인을
보는 비장애인의 시각도 달라지고 있지요. 장애인에
대한 차별을 금지하고 장애인의 복지를 보호하는
법들도 만들어졌습니다.

우리나라도 장애인 복지법, 장애인 고용 촉진 등에
관한 법률 등 관련 법을 만들어 장애인의 인간적인
삶을 보장하고 사회 참여를 촉진하기 위해 노력하고
있습니다.

장애인 올림픽에 참가한 테니스 선수

과거에는 장애인이 교육을 받을 권리가 있음에도
실제로는 비장애인과 함께 교육을 받기가 어려웠습니다.
그러나 요즘은 장애인을 위한 특수 학교가 있어 실제적인
교육의 권리를 보장받고 있습니다.

그 외에도 공공장소에는 장애인을 위한 차량, 지하철
휠체어 승강기, 장애인 화장실, 시각 장애인용 유도 점자
블록 등이 설치되어 장애인이 일상생활에서 불편함이
없도록 도와주고 있습니다.

장애인 스스로도 과거처럼 집안에서만 지내지 않고
다양한 사회 활동을 하고 있습니다. 예술, 정치, 스포츠
등 다양한 분야에서 큰 활약을 하고 있고, 장애인
올림픽 대회와 같은 행사를 통해 많은 사람에게 큰
감동을 주기도 합니다.

그러나 사람들의 생각이 바뀌고 관련 정책이 나아지고
있음에도 아직 장애인 복지 정책은 갈 길이 멉니다.
여전히 많은 장애인이 비장애인과의 공정한 경쟁에서
차별받고 있습니다. 장애인 복지의 부족한 점을
고치기 위해서는 지속적인 노력이 필요합니다.

시각 장애인을 위한 점자 블록

3 서리 왕 이야기

헬렌은 이제 세상에는
말이 있다는 것을 알게 되었습니다.
단어와 문장을 익힌 헬렌은
앤 설리번 선생님을 통해
책을 읽을 수 있게 되었습니다.

점자를 익힌 헬렌은 지식에 대한 욕심이 왕성해져서
스스로 점자를 찍어 글을 쓰기도 했습니다.

시각 장애로 앞을 볼 수 없던 헬렌은
손을 잡고 하는 수화도 배웠습니다.

한 글자씩 손바닥에 적어 주는 걸로는 의사소통이 너무 오래 걸려. 그러니 손 수화를 배워야 해.

끄덕

발성 기관에는 이상이 없었던 헬렌은 말도 배우기 시작했습니다.

아~

발음은 정확하지 않았지만, 노력 끝에 헬렌은 말을 할 수 있게 되었습니다.

아~

입술의 움직임을 통해 상대방이 무엇을 말하는지 알 수 있게 되었습니다.

안녕, 오늘 날씨가 좋구나.

무슨 말인지 알겠니?

헬렌은 수화로 알아들은 뜻을 전달하였습니다.

안녕, 오늘 날씨가 좋구나.

이런 헬렌의 변화를 누구보다 기뻐한 건 부모님이었습니다.

선생님, 헬렌이 말을 배우는 것에 성과가 있나요?

청각 장애인은 자기 목소리를 들을 수 없기에 발음이 부정확합니다. 하지만 발성법을 계속 훈련하고 있습니다.

헬렌에게 책은 어떻게 읽어 주는 거죠?

손을 잡고 하는 수화로 읽어 줍니다. 혹은 단어를 직접 손바닥에 한 글자씩 적어 주기도 하죠.

헬렌이 글을 쓴다는 이야기를 들었는데요.

점자로 동화를 쓰고 있어요. 동화가 완성되면 퍼킨스 학교에 보낼 생각이에요.

오래지 않아
퍼킨스 학교 교장
애너그노스는
헬렌이 쓴 동화와
헬렌의 교육에 대해
보고받았습니다.

듣지도, 보지도 못하는 헬렌이 글을 익히고
동화까지 썼다는 사실에 크게 감동한 애너그노스는
헬렌이 쓴 동화 《서리 왕》을 두 개의 잡지에 실었습니다.

퍼킨스 학교 졸업생들을 위한 잡지 《멘토》와 특수 교육
협회가 발행하는 《굿선 가제트》라는 잡지였습니다.

이걸 시청각 장애를 앓는
열 살짜리 소녀가 썼다고 누가 믿겠소?

정말 대단하군요.
문학사적으로도 이건
중대한 사건입니다.
잡지에 꼭
실어야겠습니다.

잡지가 발행되자 헬렌 켈러와 《서리 왕》은
큰 화제가 되었습니다.

하지만 곧 문제가 생겼습니다.

뭐라고?

부인, 헬렌과 함께 퍼킨스 학교에 다녀와야겠어요.

거긴 갑자기 왜요?

전보가 왔는데, 헬렌이 쓴 동화가 잡지에 실려 큰 관심을 끌었대요.

좋은 일이군요.

아니에요. 헬렌이 마거릿 캔비의 《버디와 요정 친구들》을 *표절했다고 조사위원회를 열겠대요.

뭐, 뭐라고요? 조사위원회?

*표절: 시나 글 노래 등을 지을 때 남의 작품의 일부를 몰래 가져다 쓰는 일

헬렌이 다른 사람의 글을 표절했다는 의혹이 일자, 퍼킨스 학교에서 조사위원회가 열렸습니다.

앤 설리번입니다.
헬렌을 데리고 왔으니,
표절인지 아닌지 이야기를
들어 보세요.

앤 선생과 헬렌은 어서
진실을 밝히시오!

이제 겨우 11세예요.
그렇게 몰아붙이다니,
어린애가 얼마나
긴장하고 있는지
아세요?

……

좋습니다. 앤 선생, 손 수화로 통역하세요.
헬렌, 《버디와 요정 친구들》이란 책을
읽은 적이 있니?

읽은 적 없어요.

뭐라고? 그런데 어떻게 이야기가
이렇게 비슷할 수 있단 말이냐?

넌 거짓말쟁이야,
헬렌!

도대체
왜 이러는 거죠?
어린아이 한 명
세워 놓고 어른들이
몰려들어서
뭐 하시는 거예요?

어차피 우리가 소리쳐도
헬렌은 듣지도, 보지도
못하잖소.

뭐라고요? 지금 그걸
말이라고 하세요?

흠흠…….

이런 분위기에서는 조사받지 않겠습니다. 가자, 헬렌!

저, 저…… 건방진!

쾅

《서리 왕》 이야기는 나뭇잎 사이에 보석을 숨겨 두었던 서리 왕을 놀리기 위해 태양이 보석을 녹여

나뭇잎을 단풍으로 물들이자 서리 왕이 보석을 지키던 요정들을 나무라는데,

이 게으른 요정들아, 보석을 지키랬더니 다 녹았잖아!

오히려 단풍을 보고 아이들이 좋아해서 요정들을 용서했다는 내용의 동화입니다.

와, 나뭇잎 봐! 꽃처럼 아름다워.

아니, 아이들이 이렇게 좋아하다니……. 하하하. 오히려 태양 덕분에 훌륭한 일을 하게 되었어.

문제는 헬렌이 마거릿 캔비의 동화를 표절했는지, 우연의 일치로 비슷한 동화를 쓰게 되었는지 여부였습니다. 이 사태를 가만히 보고만 있을 수 없던 앤 선생님은 헬렌을 후원하던 벨에게 도움을 요청하는 편지를 썼습니다.

벨은 기억을 더듬어 답장을 썼습니다.

박사님, 헬렌의 《서리 왕》 사건에 대해서 들으셨을 겁니다. 혹시 헬렌이 캔비 여사의 동화를 읽은 적이 있는지 아시나요?

친애하는 앤 선생님,

헬렌이 여덟 살 때, 앤 선생님께서 눈을 치료하기 위해 잠시 헬렌의 곁을 떠난 적이 있지요? 그때 헬렌을 잠깐 돌보던 홉킨스 부인이 헬렌에게 여러 이야기를 손바닥에 한 글자씩 써 가며 들려주었는데,

아마 헬렌의 기억 속에 잠재되어 있다가 글로 나온 모양입니다.

다시 조사위원회가 열렸습니다.

그러니까 앤 선생님, 헬렌이 어렸을 때 손바닥에 적어 준 이야기를 무의식 속에 기억하고 있다가 글로 적었다는 겁니까?

네, 교장 선생님. 무의식 속에 있는 이야기를 끄집어내어 자신이 다시 창조한 겁니다.

앤 설리번 선생님, 그런 걸 표절이라고 하는 겁니다!

앤 선생님, 일단 나가십시오. 우리가 다시 회의를 해서 판단하겠습니다.

이 사건은 전국적인 관심사가 되었습니다.
그러자 대문호 마크 트웨인이 한마디 거들었습니다.

그 정도가 표절이라면, 작가 중에 표절을 하지 않은 사람은 단 한 명도 없을 겁니다. 헬렌 켈러는 분명히 스스로 작품을 만들었습니다.

여러 사람이 헬렌 켈러의 편을 들자,
조사위원회에서도 논쟁이 벌어졌습니다.
그리고 마침내 최종 판결의 날이 다가왔습니다.

헬렌 켈러의
마거릿 캔비 작품
무단 도용 건에 대해

헬렌 켈러의 잘못을
인정하는 분들은
손을 들어 주세요.

나머지 네 분은
헬렌 켈러에게 잘못이 없다고
생각하시는 겁니까?

그렇습니다. 오히려 기존의 것을 자기 것으로
만들어 재창조해 낸 작가적 감수성을
더 중요하게 생각해야 합니다.

4대 4군요.
그럼 제가 헬렌 켈러의
마거릿 캔비 작품
무단 도용 건에 대한 최종
결정을 내리겠습니다.

......

헬렌 켈러! 네가 쓴 동화 《서리 왕》은
마거릿 캔비의 《버디와 요정 친구들》과
비슷한 면이 있다.

그렇지.

?

하지만······.

그 정도로는 헬렌이 표절했다고 단정 지을 수는 없다.

넌 아무 잘못이 없다. 헬렌 켈러, 돌아가도 좋아.

아아! 헬렌, 잘됐어!

서, 선생님…….

도대체 무슨 소리입니까? 교장 선생님, 이건…….

헬렌 켈러는 결코 자신의 글을 표절한 게 아니라고 마거릿 캔비 여사가 직접 편지를 보냈소. 원작자가 아니라는데, 달리 무슨 할 말이 있겠어요?

캔비 여사가?

헬렌 켈러를 응원한 사람들

하나 앤 설리번

앤 설리번은 1866년 미국 매사추세츠주 피딩힐드에서 태어났습니다. 5세 때 바이러스 감염으로 시력을 거의 잃은 앤을 딱하게 여긴 로마 가톨릭 교회의 바버라 신부는 그녀를 위해 두 차례 눈 수술을 시켜 주었습니다. 그러나 마취를 위해 눈에 코카인을 주입한 것이 원인이 되어 시력은 더 나빠졌습니다. 결국 바버라 신부는 그녀를 시각 장애인을 위한 특수 학교인 퍼킨스에 입학시켰습니다. 매우 가난한 집안에서 태어난 데다 아버지로부터 학대를 받는 등 불우한 유년 시절을 보낸 앤 설리번은 학교에서 누구보다 열심히 공부했습니다.

한편, 앤은 퍼킨스 학교에 있을 때 눈 수술을 다시 받아 시력을 조금 회복했지만, 평생 사물이 약간 겹쳐 보이는 불편을 겪어야 했습니다.

앤 설리번은 퍼킨스 학교를 졸업하고 20세에 헬렌 켈러의 가정 교사가 되었습니다. 그 후 사망할 때까지 평생을 헬렌과 함께하며 헌신했습니다. 앤 설리번은 헬렌의 집안 사정이 기울어 월급을 받지 못할 때도 스스로 후원자를 모아 헬렌을 가르쳤으며, 헬렌이 하는 모든 공부를 함께하며 하버드 대학의 부설 여자 대학인 래드클리프 대학에 헬렌을 진학시켰습니다.

앤 설리번은 존 메이시와 결혼한 후에도 헬렌과 함께 강연 여행을 다녔습니다. 앤 설리번은 스무 살부터 자신의 모든 인생을 헬렌 켈러를 위해 헌신했습니다. 헬렌 켈러는 그런 앤 설리번을 언제나 존경했으며, 만약 눈을 뜬다면 가장 먼저 보고 싶은 사람으로 꼽기도 했습니다.

헬렌 켈러는 하버드 대학교 안에 세워진 여자 대학인 래드클리프 대학을 졸업했어요.

시각 장애인은 점자로 된 책으로 학습할 수 있어요.

둘 알렉산더 그레이엄 벨

알렉산더 그레이엄 벨은 1847년에 스코틀랜드의
에든버러에서 태어나 1882년에 미국으로 귀화했습니다.
벨은 런던에서 대학을 다니며 인간의 발음을 주제로
연구했고, 대학을 졸업한 후 청각 장애인에게 발성법을
가르치는 교사로 일했습니다. 그리고 교육자인 아버지를
도와 농아(귀가 안 들려 언어 장애인이 된 사람)들의 발음을
교정해 주는 일을 했습니다.

알렉산더 그레이엄 벨

미국으로 건너간 벨은 농아 학교를 세웠고, 보스턴 대학의
교수로 일했습니다. 청각 장애인에 대해 관심을 가지고 여러
연구를 하던 중 1875년에 전화기를 발명했고, 1877년에는
'벨 전화 회사'를 설립했습니다. 그 후 벨은 꾸준히 언어
장애인과 청각 장애인을 위한 연구에 매달렸습니다. 이
덕분에 벨은 '청각 장애인의 아버지'로 불리게 되었습니다.
벨은 헬렌 켈러를 꾸준히 후원했습니다. 헬렌이 교육받을
수 있게 도왔고, 경제적 어려움을 겪지 않도록 후원금도
보내 주었습니다. 훗날 헬렌 켈러는 자서전에서 벨을
가리켜 '농아에게 귀를 갖게 해 주신 분'이라고 표현하며
벨에 대한 존경심을 나타냈습니다.

전화기를 시험하고 있는 벨

who? 지식사전

최초의 전화기 발명가는 누구?

전화기를 최초로 발명한 사람은 알렉산더 그레이엄 벨이라고 알려져 있습니다. 그런데
2002년 6월에 미국 하원에서 통과된 결의안에는 이탈리아 출신의 미국 발명가
안토니오 무치를 진정한 전화기 발명가라고 인정하는 내용이 있습니다.
무치가 전화기를 먼저 발명했지만, 벨이 먼저 특허권을 받는 바람에 최초의 전화기
발명가라는 명예를 얻지 못했다는 것입니다. 그러나 벨은 전화기로 새로운 통신 시대를
열었다는 점에서 중요한 인물임은 틀림없습니다.

발명가 안토니오 무치

미국의 소설가 마크 트웨인

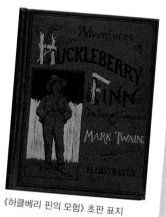

《허클베리 핀의 모험》 초판 표지

셋 마크 트웨인

수로 안내인으로 일하던 마크 트웨인은 미국 남북 전쟁이 일어나자 자신의 의지와는 상관없이 남군으로 전쟁에 참여하게 되었습니다. 그러나 2주 만에 군대를 빠져나온 마크는 서부에서 광부, 신문 기자 등 여러 일을 하며 지식인들을 사귀었고, 그것을 계기로 본격적으로 작가의 길을 걷게 되었습니다.

마크 트웨인은 《톰 소여의 모험》, 《허클베리 핀의 모험》, 《왕자와 거지》 등 재치와 풍자로 사회를 비판하는 작품을 내놓으며 작가로서의 입지를 다졌습니다. 훗날 노벨 문학상을 받은 헤밍웨이는 《허클베리 핀의 모험》에서 미국 현대 문학이 시작되었다고 칭찬했습니다.

마크 트웨인은 또한 시대를 앞선 사상가였습니다. 그는 장애인 차별, 인종 차별, 여성 차별, 노동자 차별, 제국주의 등에 반대했습니다. 그래서 장애를 극복하고 작가와 사회 활동가로 활발히 활동하며 장애인에 대한 편견을 깨는 헬렌 켈러를 누구보다 응원했습니다.

who? 지식사전

헬렌 켈러의 명언

1. 교육의 최고 성과는 관용이다.
2. 나는 나의 역경에 대해서 하나님께 감사한다. 왜냐하면, 나는 역경 때문에 나 자신, 나의 일, 그리고 나의 하나님을 발견했기 때문이다.
3. 행복의 한쪽 문이 닫히면 다른 쪽 문이 열린다. 그러나 흔히 우리는 닫힌 문을 오랫동안 보기 때문에 우리를 위해 열려 있는 문을 보지 못한다.
4. 신은 용기 있는 자를 절대 버리지 않는다.
5. 나는 눈과 귀와 혀를 빼앗겼지만, 내 영혼을 잃지 않았기에 그 모든 것을 가진 것이나 마찬가지이다.
6. 세상에서 가장 아름답고 소중한 것은 보이거나 만져지지 않는다. 단지 가슴으로만 느낄 수 있다.
7. 세상이 비록 고통으로 가득하더라도 그것을 극복하는 힘도 가득하다.

넷 　폴리 톰슨

앤 설리반이 건강 악화로 헬렌 켈러의 옆을 지킬 수 없게 되자
그 역할을 대신한 사람이 바로 폴리 톰슨입니다.
폴리 톰슨은 스코틀랜드에서 온 여성으로, 처음에는 헬렌
켈러의 집을 지키는 사람으로 고용되었습니다. 그녀는 시청각
장애인인 헬렌 켈러를 어떻게 대해야 하는지 전혀 몰랐지만,
곧 빠르게 적응했습니다.
그녀는 앤 설리번 대신 사람들의 말을 헬렌에게 수화로
설명해 주었고, 헬렌의 말을 사람들에게 통역해 주었습니다.
수십 년 동안 헬렌의 손바닥에 글씨를 써 폴리의
오른손은 왼손에 비해 비정상적으로 크고 힘줄이
튀어나올 정도였다고 전해집니다.
폴리 톰슨은 헬렌이 외국으로 나가 장애인들을
위한 복지 정책을 호소하는 동안 그녀 곁을 지키는
등 연설과 정치적 활동으로 채워진 헬렌의 삶에 늘
함께했습니다.
폴리 톰슨은 1960년에 뇌졸중으로 사망할 때까지
46년간을 헬렌 켈러와 함께했습니다.

이스라엘을 방문한 헬렌 켈러와
폴리 톰슨

헬렌 켈러가 그려져 있는 앨라배마주 쿼터 동전

불가능을 모르는 프랑스의 영웅, 나폴레옹

나폴레옹(1769~1821년)은 이탈리아의 작은 섬 코르시카에서 태어났습니다. 프랑스의
군인이 된 나폴레옹은 유럽을 제패하고 스스로 프랑스 제국의 황제가 되었습니다. 하지만
러시아와의 전쟁에서 패한 나폴레옹은 엘바섬으로 유배를 갑니다. 나폴레옹은 훗날 다시
한번 황제에 오르지만, 곧 쫓겨나고 세인트헬레나섬에서 생을 마감합니다.
나폴레옹은 프랑스의 가장 영광된 역사를 만든 명장이었으며, 전 유럽을 공포에 떨게 한
위대한 장군이었습니다. 나폴레옹의 명언으로 알려진 '나의 사전에는 불가능이란 단어가
없다.'는 나폴레옹이 부하에게 쓴 편지 중 '장군이 나에게 그것은 불가능하다고 했지만,
그런 말은 프랑스어에 없다.'라는 구절이 후세에 와서 변형된 것이라고 합니다.

〈알프스를 넘는 나폴레옹〉,
자크 루이 다비드(1801년)

4 새로운 꿈을 향한 도전

앤 선생님은 헬렌을 라이트 허머슨 특수 학교에 보냈습니다. 헬렌은 이때부터 타자기를 썼으며, 열심히 공부에 매진하였습니다.

자, 다음은 수학 문제야.
문제는 $3x + 4y = 30$

$3x + 4y = 30$

헬렌은 학교에 다니며 세상에는 배울 것이 많다는 걸 알게 되었고, 더 많은 걸 배우고 싶어졌습니다. 그러던 어느 날이었습니다.

선생님, 저 대학에 가고 싶어요.

대학?

네, 하버드 대학이요.

하버드 대학이라고?

더 많은 걸 배우고 싶다는 생각이 들어요.

대학이라 ......

헬렌, 대학에 가려면 이 정도의 공부로는 안 돼. 또 장애가 없는 아이들이 다니는 학교에서 진짜 공부를 해야 해.

할 수 있어요.
꼭 하고 싶어요.

헬렌,
난 걱정이 되는구나.
대학 공부는 장애가
없는 사람들도
힘들어 한단다.

그런데 넌 점자책이 있어야
책을 읽을 수 있고,
강의를 내 수화로 전달받아
공부해야 하니,
그들보다 몇 걸음은
뒤처질 거야.

괜찮아요.
전 지지 않을
거예요.

공부하다 힘들어서 포기하면
그때는 세상 사람이 모두 널
비웃을 수도 있어.

제 결심은
확고해요.
절대 포기
안 해요.

나도 해 보지 못한 대학 공부인데,
헬렌이 잘할 수 있을까?

해 보자!
내가 헬렌의 의지에 방해가 되어서는 안 돼.
나 역시 온 힘을 다해야 해.

좋아! 그럼 케임브리지 여학교에서 공부하며 대학 입학 시험을 준비하도록 하자.

힘들고 긴 싸움이 될 거다.

네, 선생님.

케임브리지 여학교를 다니기 위해 헬렌과 앤 선생님은 터스컴비아의 집을 떠났습니다. 두 사람은 함께 살았고, 함께 수업을 들었습니다. 앤 선생님은 들을 수 없는 헬렌을 위해 수화로 강의 내용을 전달해 주었습니다.

초대 대통령은 조지 워싱턴이며, 미국은 영국으로부터 독립……

헬렌이 공부하기 위해선 점자로 된 교과서가 필요했습니다. 하지만 점자책 작업이 늦어져서 앤 선생님은 자주 교장실을 찾아가야 했습니다.

길먼 교장 선생님! 도대체 새 교과서의
점자책은 언제 나오는 거죠?

앤 선생님,
점자책을 만드는 데
시간이 오래
걸린다는 건
누구보다
잘 알지 않소.

다른 학생들은
이미 교과서를 받고
공부를 시작했는데,
헬렌은 아무것도
못하고 있어요.
이건 불공평
하다고요.

이런 앤 선생님을
길먼 교장 선생님은
불편하게 생각했습니다.

우리도 노력하고 있어요,
앤 선생님.
점자책이 완성되길
기다리는 수밖에 없는걸
어쩌란 말이오!

무슨 일 있나요, 선생님?

어떻게 알았지?

문을 세게 닫으면 진동이 느껴져요.

그렇구나. 헬렌, 대학에 가고 싶다고 했지?

네.

그런데 이 학교의 진도를 따라가다 보면 5년 정도는 지나야 대학 입학 자격을 얻을 것 같구나.

그건 너무 오래 걸려요.

그래, 나도 3년 만에 이 과정을 끝내고 싶은데.

선생님, 2년으로 해요.

2년? 그건 너무 어려운 일이야. 2년 만에 끝내려면 잠잘 시간도 거의 없을 거야.

괜찮아요.
제 인생이니까 제가
선택하겠어요.

휴~

많이 컸구나, 헬렌.

열심히
해 볼게요.

그래,
그렇게 하자.
각오하렴.

그날부터 힘겨운 강행군이 시작되었습니다. 더 이상 점자책이 나오길 기다릴 수 없었던 앤 선생님은 교과서의 내용을 수화로 전달했고, 헬렌은 그 방대한 내용을 외우며 타자를 쳐서 복습했습니다.

타탁
탁

흠……

잘했어, 헬렌. 영어 성적은 꽤 괜찮은걸! 수학은 조금 더 분발해야겠다.

네, 선생님.

헬렌은 아파서 열이 나도 공부하기를 멈추지 않았습니다.

헬렌, 네가 선택한 거야. 아프다고 쉬면 다른 아이들을 따라잡을 수 없어.

네, 알고 있어요.

이런 앤 선생님의 모습을 못마땅하게 생각한 사람이 있었습니다.
바로 길먼 교장 선생님이었습니다.

아이를 아주 잡는군.
이대로는 안 되겠어.

길먼 교장 선생님은 앤 선생님을 따로 불렀습니다.

앤 선생!
몸살이 난 헬렌을
억지로 교실로
끌고 와
공부시키는 걸
내가 직접 봤소.
이건 아동 학대
아니요?

전 헬렌의 의지를
돕는 것뿐입니다.

가혹한 게 뭐죠? 공부하겠다는 헬렌을
도와주는 게 가혹한 건가요?
누구보다 공부하겠다는 의지를 가진 사람은
헬렌이에요.

그건
핑계일 뿐이오.

당신은 아이를
가혹하게 가르치고 있소.
당장 고치지 않는다면
나도 가만히 있지 않겠소.

헬렌은 능력이 있는 아이예요!
교장 선생님 눈에는 헬렌이 마냥
불쌍해 보이고, 한계가 있는 아이를
제가 무리하게 가르치는 것처럼
보이겠죠. 저 아이는 장애아니까,
저 아이는 가르쳐 봤자
한계가 있을 텐데,
그렇게 생각하시는 거죠?

끄응…….

교장 선생님께서는
장애아를 몰라요.
그런 동정이 오히려
헬렌에게 더
가혹하다고요.

아픈 헬렌을
걱정하는 게
가혹한 거란 말이오?

앤 선생이
그렇게 나오겠다면
나도 생각이 있소!

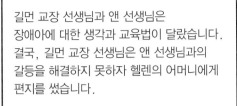
길먼 교장 선생님과 앤 선생님은
장애아에 대한 생각과 교육법이 달랐습니다.
결국, 길먼 교장 선생님은 앤 선생님과의
갈등을 해결하지 못하자 헬렌의 어머니에게
편지를 썼습니다.

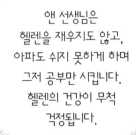
앤 선생님은
헬렌을 재우지도 않고,
아파도 쉬지 못하게 하며
그저 공부만 시킵니다.
헬렌의 건강이 무척
걱정됩니다.

이, 이게
무슨 소리야?
내가 직접 가서
확인해야겠어.

탕탕탕탕

부인?

무슨 일로
오셨죠?

이런 곳에서 둘이
살고 있었군요.

헬렌, 엄마가 오셨다.

엄마?

헬렌!

엄마!

어쩐 일이세요, 엄마?

앤 선생님과 할 이야기가 있어서 왔단다. 잠시 기다려 주겠니?

네.

저한테 무슨……?

수년 전 헬렌의 아버지가 사망하고 난 후부터 앤 선생님은 제대로 월급을 받지 못하고 있었습니다. 대신 후원금을 모아 생활하고 있었습니다.

그건 괜찮아요. 다행히 좋은 분이 후원해 주셔서 생활하는 데 큰 무리는 없어요.

선생님, 남편이 죽고 난 후 월급도 제대로 못 드렸네요. 죄송합니다.

그래요. 그런데…….

듣자 하니, 헬렌에게 가혹하게 공부를 시킨다고 하더군요.

그건 오해입니다.
헬렌이 원하는
거예요.
전 헬렌을 도와주는
것뿐이에요.

그것도 문제예요. 헬렌은
엄마인 나보다도 선생님을
더 의지하는군요.

네?

이제 저도
엄마의 역할을
하고 싶어요.

그 말씀은
......?

네, 이제 다른 집
가정 교사 일을
알아보세요.

당신은
해고입니다.

자, 잠깐만요.
지금 절 해고한다면,
헬렌은 어떻게 할 거죠?
헬렌을 가르칠 사람은
저밖에 없어요!

엄마로서 당신이
내 아이를 함부로
대하는 걸 더 두고
볼 수 없습니다.
헬렌은 내가 잘
가르치겠어요.

말도 안 돼요. 헬렌을 가르치는 방법을
아세요? 헬렌은 남들과 달라요.

어머니께서
선불리 가르쳤다간
지금까지 배웠던 걸
모두 잊고 다시
암흑의 세계로
돌아갈 거예요.

내 이야기는 끝났습니다.
짐 정리할 시간은 드리죠.
일주일이면 되겠죠?

부인!

일주일 후엔
헬렌은 터스컴비아의
집으로, 선생님께서는
다른 일자리를 찾아서
가는 겁니다.

엄마, 아직 말씀
안 끝나셨어요?

헬렌, 이제 끝났단다.

그럼.

......

선생님, 엄마와 무슨 이야기를 하셨죠?

지금은 말하지 않을 거야. 널 공연한 슬픔에 빠뜨릴 수도 있으니까. 나 혼자 방법을 찾아보겠어.

앤 선생님은 주위 사람들에게 도움을 청했습니다. 소식을 들은 문학 평론가 조셉 에드가는 헬렌을 데리고 자신의 농장으로 갔습니다. 조셉은 헬렌과 이전부터 친하게 지내던 사이였습니다.

안녕? 많이 먹고 있니?

하하하. 충분히 먹고 있단다.

조셉 아저씨, 앤 선생님께 무슨 일이 있는지 혹시 아세요?

그렇지 않아도 그 일 때문에 널 불렀단다. 너희 엄마가 앤 선생님을 해고한다고 해서.

뭐라고요? 전 앤 선생님이 없으면 아무것도 할 수 없어요!

엄마는 앤 선생님이 네가 원치 않는 인생을 강요하고 있다고 생각하신단다.

그렇지 않아요! 앤 선생님께서는 제가 선택한 걸 도와주실 뿐이에요.

하지만 엄마 생각은 그렇지 않단다. 그래서 넌 이제 엄마와 함께 지낼지, 앤 선생님과 함께 지낼지 결정해야 할 것 같구나.

맙소사. 꼭 그래야 하나요?

이제 너도 성인인걸. 결정은 언제나 네가 해야지. 네가 결정하면 난 네 결정을 도와주마.

엄마와 선생님?

엄마와 함께하겠다면 앤 선생님을 달래서 다른 일자리를 찾아봐 줄 것이고, 그 반대라면 엄마를 설득할 거야.

헬렌은 깊은 생각에 잠겼습니다.

어떡하지? 난 대학에 가고 싶은데, 그러려면 앤 선생님이 필요해. 하지만 사랑하는 엄마를 상처받게 할 수도 없고……

그래, 결심했어.

아저씨,
엄마를 사랑하지만
이건 어쩔 수 없어요.
전 앤 선생님과
공부를 계속하겠어요.
집으로 돌아가지
않을 거예요.

알겠다.
그럼 엄마를
설득하마.

헬렌의 결정을 전해 들은 어머니는
믿을 수 없었지만, 어쩔 수 없었습니다.

정말 헬렌이
그랬다고요?
앤 선생님께서
그렇게 대답하라고
시킨 건 아닌가요?

아닙니다.
헬렌은 이제 엄마도,
앤 선생님도 마음대로
할 수 없을 정도로
성장했습니다.
모든 것은 스스로
결정한 겁니다.

헬렌이…….

우리 헬렌이
정말 많이 컸군요.

길먼 교장 선생님의 생각과는 달리
모든 것은 헬렌의 뜻이었습니다.
헬렌은 다시 공부를 시작했습니다.

탁..

탁..

아, 헬렌이 정말
교과서를 다
외워 버렸어.

탁..

헬렌은 밤낮을 가리지 않고 공부했습니다.

헬렌,
안 잘 거니?

먼저 주무세요.
이것만
정리하고요.

탁

타닥

탁..

그리고 1900년 가을.

서, 선생님!

헬렌,
합격이야.
합격했어!

합격했어.
래드클리프 대학에
합격했다고!

저, 정말이에요?
제가요?

래드클리프 대학은 당시 여학생을 받지 않던 하버드 대학이 여학생을 위해 개설한 부설 대학이었습니다.

고마워요, 선생님.

아니야, 헬렌! 네가 해낸 거야! 순수하게 네 의지로, 네 능력으로, 네가 해낸 거야.

남들이 뭐라고 오해해도 상관없어. 오늘의 영광은 네 거야.

헬렌 켈러는 대학에 입학한 최초의 시청각 중복 장애인이었습니다. 비장애인도 들어가기 어려운 대학에 헬렌 켈러는 장애를 딛고 당당하게 입학했던 것입니다.

장애를 극복한 사람들

하나　루이 브라유

루이 브라유는 점자를 만든 사람입니다. 프랑스 파리 근교에서 태어난 브라유는 세 살 때 왼쪽 눈이 송곳에 찔리는 사고를 당해 왼쪽 눈이 보이지 않게 되었습니다. 게다가 곧이어 오른쪽 눈까지 염증이 생겨 시력을 잃는 바람에 양쪽 눈 모두 시력을 잃었습니다.

하지만 배움을 포기하지 않았던 브라유는 파리의 왕립 맹아 학교를 졸업하고 같은 학교에서 선생님으로 일했습니다.

그러나 당시에는 장애아들이 교육을 받고 일상생활을 스스로 해 나갈 기회가 많지 않았습니다. 시각 장애인들은 대부분 길거리에서 구걸을 하는 생활에서 벗어나지 못했습니다. 시각 장애인이 비장애인에게 차별받는 것은 제대로 된 교육을 받지 못했기 때문이라고 생각한 브라유는 6개의 점으로 알파벳을 표현하는 점자 체계를 개발했습니다.

루이 브라유 흉상 ⓒ Renaud Camus

그러나 브라유가 살아 있을 때 그가 발명한 점자는 큰 주목을 받지 못했습니다. 장애인에 대한 편견이 심했던 시대였기에 점자 개발이 큰 뉴스가 되지 못했던 것입니다. 그러나 그가 발명한 점자 체계는 오늘날 전 세계에서 널리 사용되고 있습니다.

루이 브라유는, 시각 장애인은 공부할 수 없고 사회에 필요 없는 존재라고 생각하는 당시 사회에서 시각 장애인이 제대로 된 교육을 받을 수 있도록 길을 연 선구적인 인물입니다.

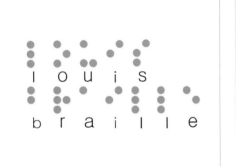

점자로 찍힌 루이 브라유의 이름

헬렌 켈러는 "루이 브라유는 나를 비롯한 수많은 장애인이 절망에서 벗어나 마음의 풍요를 누릴 수 있는 세상으로 인도해 주었다."라고 칭송했습니다.

둘　세종 대왕

세종 대왕은 조선의 제4대 왕으로, 글자를 모르는 백성을 위해 한글을 창제했습니다. 이 밖에도 과학을 장려해 세종 시대에 측우기, 혼천의, 해시계 등 수많은 과학적 업적을 쌓았고, 법전을 정비하고 문물을 발전시켰으며 군사적으로도 대마도를 정벌하는 등 우리나라 역사상 가장 훌륭한 통치자였습니다.

세종은 평생 책을 손에서 놓아 본 적이 없을 정도로 어린 시절부터 책 읽기를 좋아했다고 합니다. 이렇듯 책 읽기를 지나치게 좋아한 세종은 나이가 들면서 눈병에 걸려 시력이 나빠지더니, 결국 사물을 제대로 볼 수 없는 지경까지 이르렀습니다.

한글 연구를 한창 진행하던 시기인 1440년에는 앞이 보이지 않는 세종이 왕위를 세자에게 내려놓겠다고 선언했다가 신하들의 반대로 철회했다는 이야기도 전해집니다.

세종은 선천적인 장애인이 아니었지만, 시각 장애를 겪으면서 누구보다 시각 장애인을 이해하게 되었고 시각 장애인을 지원하는 정책을 펼쳤습니다.

한글로 인쇄한 목판본 《월인석보》 제1권

세종 대왕 동상

who? 지식사전

조선 시대에도 장애인 복지가 있었다?

조선 시대에는 점복(점을 치는 일), 독경(불경을 외는 일), 악사(음악 연주) 등 장애인이 자신만의 직업을 가지고 자립할 수 있도록 도와주었습니다. 또한 장애인을 위한 법적 제도를 두어 자립하기 어려운 중증 장애인들은 국가에서 직접 도와주었습니다. 이 밖에도 장애인에게는 세금을 면제해 주고, 장애인을 부양하는 가족에게는 포상하기도 했습니다. 때때로 장애인들을 위한 잔치를 베풀고 쌀과 고기 같은 생필품을 내려 주는 등의 장애인 복지 정책을 폈습니다.

조선 시대에 다리가 하나뿐이었던 신체 장애인이었지만 정승을 지낸 윤지완의 상소문

프랭클린 루스벨트

프랭클린 루스벨트는 미국의 제32대 대통령으로 미국인이
가장 존경하고 사랑하는 대통령 중 한 명입니다. 무려
네 번 연속 대통령에 당선된 루스벨트는 12년간 미국을
통치했습니다.

루스벨트는 원래 건강했으나 1921년에 소아마비를 앓으면서
걸을 수 없는 지경까지 이르렀습니다. 그러나 꾸준한 재활로
어느 정도 걷게 되면서 정치 활동을 시작했습니다.

루스벨트는 미국이 주식 시장의 폭락과 함께 시작된 심각한
경제난으로 어려움을 겪게 되자, 이를 극복하기 위해 뉴딜
정책을 내놓았습니다. 뉴딜 정책은 경제 문제에 대해 정부가
적극적으로 개입해서 경기를 회복시키려는 정책입니다. 뉴딜
정책으로 미국의 경제는 일시적으로 성장세로 돌아섰습니다.

루스벨트는 제2차 세계 대전에 미국이 참전할 것을
결정하고, 전쟁을 연합군의 승리로 끝맺는 데 결정적인
역할을 했습니다. 이후 미국은 세계 최강국의 존재감을
드러내며 막강한 힘을 과시하게 되었습니다.

제2차 세계 대전 참전 명령 문서에
서명하는 루스벨트

who? 지식사전

뉴딜 정책 당시 정부의 공공사업에
고용된 노동자들

뉴딜 정책

뉴딜 정책은 1933년에 미국의 대통령 루스벨트가 경제 공황에 대처하기 위하여 시행한
경제 부흥 정책입니다. 주식 시장이 붕괴하면서 시작된 경기 침체로 수많은 노동자가
일자리를 잃고 거리로 나앉게 되자, 루스벨트는 정부가 적극적으로 경제 활동에 개입하여
경기를 회복시키는 정책을 펼쳤습니다.

루스벨트는 은행에 대한 정부의 통제를 확대하고, 통화를 관리하는 제도를 도입했습니다.
또한 정부가 댐과 도로 같은 대규모 공사를 진행하여 실업자에게 일자리를 마련해
주었습니다. 이를 통해 소득이 생긴 사람들의 소비가 늘어났고, 기업들도 공장을
가동하여 생산을 늘리고 직원을 더 채용했습니다. 이는 전체적으로 경기가 회복되는
결과를 가져왔습니다.

넷   짐 애보트

오른손이 없는 신체 장애인으로 태어난 짐 애보트는
장애인으로는 처음으로 미국 프로 야구에서 노히트 노런을
달성한 투수입니다. 노히트 노런은 한 경기를 치르며 투수가
1회부터 9회까지 단 하나의 안타도 허락하지 않고 단 한 점도
내주지 않는 것을 말합니다.

미국 메이저리그 투수였던 짐 애보트

스포츠에서 신체 장애인이 비장애인과 경쟁하기란 쉽지
않습니다. 짐 애보트는 오른손에 글러브를 걸치고 왼손으로
공을 던졌으며, 공을 던지는 즉시 오른손에 걸어 놓았던
글러브를 왼손에 끼고 수비하는 방식으로 경기했습니다.
비장애인 선수 못지않게 뛰어난 실력을 가진 짐 애보트는
1988년 서울 올림픽에 미국의 대표 선수로 참가하여
금메달을 목에 걸었습니다. 이후 야구 선수로는 꿈의 무대인
미국 메이저리그에 진출하여 87승을 거두었고 1999년에
은퇴했습니다.
현재 미국의 장애인들을 위해 일하고 있는 짐 애보트는 세계
장애인들에게 '장애인도 할 수 있다.'라는 메시지를 강력히
전해 주었습니다.

짐 애보트의 투구 모습. 오른손에
글러브를 걸쳐 놓았어요.

네 손가락 피아니스트, 이희아

1985년에 태어난 이희아는 태어날 때부터 두 손을 합쳐서 손가락이 네 개밖에 없었고, 막대기처럼 가늘게 붙어 있던 두
다리도 3세 때 절단해야 했던 신체 장애인입니다.
이희아는 손발에 힘이 없어 무엇을 쥐기도 쉽지 않았습니다. 부모님은 그녀에게 무엇이든 가르치고 싶은 마음에 피아노를
가르쳤습니다. 네 개의 손가락으로 피아노를 치는 것은 쉬운 일이 아니었습니다. 손가락 자체에 힘이 없어서 건반에서 소리가
나지 않았지만 그녀는 하루 10시간씩 매일 피아노 연습을 했습니다. 결국 그녀는 끝없는 노력과 의지로 훌륭한 피아니스트가
되었고, 1999년에는 장애 극복 대통령상을 받기도 하였습니다.
현재는 피아니스트로 활발히 활동하고 있으며, 공연 수익금을 장애인 단체에 기부하는 등 장애인들에게 희망을 전하고
있습니다.

5 나의 책, 나의 이야기

앤 선생님은 케임브리지 여학교에서
그랬던 것처럼 강의실에 헬렌과 나란히 앉아
강의 내용을 손 수화로 전달하였습니다.

그러나 대학 공부는 상상 이상으로 어려웠습니다.
대학을 다니지 않았던 앤 선생님께 대학 공부는 너무
어려웠기에 헬렌을 제대로 가르치지 못하였습니다.

선생님, 방금 교수님께서
설명한 게 무슨 뜻이죠?

응?
그건…… 나도
잘 모르겠구나.

앤 선생님은 헬렌을 위해 열심히 공부했습니다.
그러다 예전에 수술받았던 눈이 다시
나빠지기 시작했습니다.

글자가 흐릿하게
보이네?

휴우~ 좀 쉬면
괜찮아지겠지?

게다가 대학의 보이지 않는 차별은 헬렌과 앤 선생님을 힘들게 했습니다. 특히 시험을 치를 때면 교수들은 노골적으로 헬렌과 앤 선생님을 의심하곤 했습니다.

시험을 칠 때 앤 선생님은 교실에 들어갈 수 없소.

왜죠? 헬렌은 나 없이는 문제를 풀 수 없어요.

당신이 암호로 헬렌에게 답을 알려 준다는 제보가 있소.

말도 안 돼요. 답을 알려 주다니요?

시험을 칠 때는 감독관 두 명이 들어가니 걱정하지 마세요.

두 명이라고요?

헬렌은 혼자 시험을 치렀는데 헬렌을 감시하며 시험 문제를 알려 주는 감독관과 그 감독관을 감시하는 감독관, 이렇게 두 명의 감독관이 들어왔습니다.

한편, 앤 선생님은 시력을 점점 잃어 가고 있었습니다.

아, 왜 이러지?

선생님, 왜 그러세요?

아니야, 별거 아니야.
조금만 쉬면 돼.

!

눈이 많이 피로하시죠?

네. 책을 많이 읽다 보니……

이 상태로 책을 계속 읽는 건 좋지 않아요. 무조건 쉬어야 합니다.

하지만 헬렌의 대학 공부를 도와주려면 저도 공부를 해야 하니 책을 읽지 않을 수 없어요.

그러다가 실명하고 말 거예요. 그럼 영원히 헬렌을 도와줄 수 없지 않겠어요?

시, 실명이요?

도와주지 않으셔도 돼요. 오늘 강의 내용은 전부 다 외웠어요.

그 후, 앤 선생님의 눈 건강을 걱정한 헬렌은 한사코 혼자 공부하기를 원했습니다.

정말이니, 헬렌?

그럼요.
시험해 봐도 좋아요.

아니, 믿으마.
그럼 난 좀 쉴게.

네.

헬렌은 열심히 공부하는 가운데
틈틈이 글을 쓰곤 했습니다.

타
타탁탁
타

그러던 어느 날, 영어 작문 시간이었습니다.

학생 여러분,
작문 숙제 채점을
마쳤으니 돌려
드리도록 하죠.

와아, 헬렌. 좋은 점수를 받았는걸?

척

교수님?

앤 선생님, 헬렌에게 내 이야기를 전해 주겠어요?

물론이죠.

헬렌, 작문 실력이 뛰어나구나. 이번 기회에 본격적으로 글을 써 보지 않겠니?

글을요?

그래, 넌 글에 남다른 소질이 있는 것 같구나.

하지만 헬렌은 《서리 왕》의 기억이 남아 있어 글쓰기가 두려웠습니다.

전 글을 쓸 수 없어요. 책에서 배운 것 말고는 아는 것이 없어요.

새로운 이야기를 창작하라는 게 아니다. 너의 이야기를 써 봐.

나의…… 이야기요?

그래, 그건 오직 너만 쓸 수 있는 이야기잖아. 그 누구도 자기 글과 비슷하다고 말 못 할 거다.

하지만…….

네가 좋은 글을 써서 세상에 알리면 너와 같은 장애를 겪는 사람은 물론, 비장애인에게도 큰 희망의 메시지가 될 거다.

…….

헬렌은 코플랜드 교수의 말에
큰 용기를 얻었습니다.
헬렌은 자신의 인생을 담담히 써서
코플랜드 교수에게 전했습니다.

훌륭해. 내가 가르친
학생 중 가장 뛰어난
글솜씨야.

헬렌의 글은 《레이디스 홈 저널》이란
잡지의 편집자에게도 전해졌습니다.
글을 본 편집자는 당장 헬렌에게
제안을 했습니다.

헬렌, 당신의 글을 좀 더
구체적으로 써서 우리 잡지에
연재하고 싶은데, 어때요?
원고료로 3,000달러를
드릴게요.

3,000달러라고요?

헬렌은 자신이 돈을 벌 수 있다는
사실이 기뻐 덜컥 계약서에
사인하고 말았습니다.

하지만 남들보다 공부 속도가 늦은 헬렌이 학업과 글쓰기를 동시에 하는 건 쉬운 일이 아니었습니다.

왜 그러니?

공부도 해야 하고, 책도 써야 하고…….
너무 힘들어요.

글은 좀 썼니?

네. 하지만 글을 볼 수 없으니, 정리를 할 수가 없어요.

어디 보자.

안 되겠다. 도와주고 싶은데
나도 잘 안 보이는구나.

괜찮아요.

괜찮긴?
우리를 도와줄
사람을
구해 보자.

앤 선생님은 수소문 끝에
존 알버트 메이시라는
25세의 청년을 소개받았습니다.
그는 젊은 나이였지만,
하버드 대학에서 영어 강사로
일하던 작가였습니다.

안녕하세요?
제가 뭘 도와주면
되죠?

헬렌이 쓰는 글을 모아서 정리를 부탁해요.
틀린 철자가 있으면 교정도 봐 주시고요.

네,
알겠습니다!

존은 헬렌이 쓴, 자신의 시청각 장애를
극복하며 세상을 받아들이는 이야기를
읽으며 큰 감동을 받았습니다.

아, 헬렌 켈러는 정말
대단한 삶을 살았구나.
보고 듣는 나는
영원히 느끼지 못할
섬세한 감정이야.

잡지 연재가 끝난 후 존은 헬렌의 글을
그냥 묻어 두기에 아깝다는 생각이 들었습니다.

연재물을 모아
출판사에서
책으로 내는 게
어때요?

책으로요? 하지만
출판사에서 내 책을
받아 줄까요?

제가 한번 뛰어 보죠.
출판하겠다는 곳을
찾아낼 수 있을 거예요.

다행히 헬렌의 글을
출판하겠다는 곳은 많았습니다.
존은 그중 더블데이 출판사와
헬렌을 연결해 주었습니다.

헬렌의 글을 출판하게 되다니,
영광이군요.

고맙습니다.

1903년, 헬렌이 쓴 《내가 살아온 이야기》가 출간되었습니다.

그 책은 평론가들의 찬사를 받았지만, 많이 팔리지는 않았습니다.

하지만 《내가 살아온 이야기》의 출간으로 헬렌은 장애를 극복한 헬렌 켈러가 아닌, 작가 헬렌 켈러로서 첫걸음을 내디뎠습니다.

당신은 이제 진짜 작가예요, 헬렌.

믿어지지가 않아요. 정말로 내 이야기가 책으로 나왔나요?

헬렌, 믿어도 좋아. 넌 분명히 책을 냈고, 작가가 되었어. 《서리 왕》은 이제 잊어버리렴.

와~

《내가 살아온 이야기》는 훗날 1996년 뉴욕 공립 도서관에서 '20세기에 가장 중요한 100권의 책'에 선정될 정도로 가치를 인정받게 됩니다.

그리고 헬렌은 드디어 《서리 왕》의 기억을 떨쳐 내고 글을 쓰는 데 자신감을 갖게 되었습니다. 헬렌은 그 후로도 《내가 사는 세상》, 《돌담의 노래》 등을 잇달아 출간했습니다.

그리고 1904년 6월 28일, 헬렌 켈러는 대학을 졸업한 최초의 시청각 중복 장애인이 되었습니다.

야호!

모든 게 선생님 덕분이에요.

천만에.
이건 너의 노력
때문이야.

자, 헬렌. 학교를 졸업했으니
이제 어엿한 사회인이야.
앞으로 뭘 할 거지?

앞으로 뭘 할 거냐고,
존이 묻는구나.

빙긋

헬렌?

헬렌 켈러의 책

기념관으로 꾸며 놓은 헬렌 켈러의 생가

헬렌 켈러의 실제 모습을 재현하여 만든 인형
ⓒ Alan Wu

하나 《사흘만 볼 수 있다면》

평생 어둠 속에서 살아온 헬렌 켈러가 사흘만 세상을 볼 수 있게 된다면, 보고 싶은 것들을 담은 짧은 글입니다.

헬렌은 사흘 동안 눈을 뜨는 기적이 일어난다면, 첫째 날에는 그저 손끝으로 만져서 알아보던 앤 설리번 선생님을 가장 먼저 보고 싶어 했습니다. 그리고 자신의 친구들을 보고, 오후에 자연을 보고 싶어 했습니다. 햇살, 나무, 들판 등 자연의 모든 것을 눈에 담고 싶었던 것입니다.

둘째 날에는 새벽같이 일어나 밤과 낮이 바뀌는 장엄한 순간을 보고 싶어 했습니다. 그리고 이 세상의 변화와 역사가 담긴 박물관과 미술관을 구경하고 저녁에는 밤하늘의 별을 보며 하루를 마치고 싶다고 했습니다.

마지막 날에는 큰길에 나가 사람들의 모습을 보고 싶어 했습니다. 회사에 출근하는 사람들, 떠드는 아이들과 같이 평범한 일상의 모습을 구경하고 저녁이 되면 공연을 보겠다고 했습니다.

헬렌은 이 책을 통해 자신과 같은 장애인에게는 일상의 작은 일들도 큰 감동이 될 수 있음을 알려 주었습니다. 헬렌은 세상 사람들에게 내일 당장 시각 장애인이 될지도 모른다는 기분으로 세상을 보고, 촉각을 잃을 것이라는 기분으로 사물을 만지고, 청력을 잃는다는 기분으로 세상의 소리를 들으라고 하였습니다.

이 책을 통해 그녀는 우리가 무심코 지나친 것들에서 아름답고 소중한 가치를 찾아내고 있습니다. 앞을 볼 수 있다는 것이 얼마나 큰 축복인지를 깨닫게 해 주고 있습니다. 이 책은 세계적으로 유명한 잡지인 《리더스 다이제스트》에서 20세기에 가장 뛰어난 수필로 뽑히기도 했습니다.

둘　《나는 신비주의자입니다》

헬렌 켈러는 열세 살에 스위스 출신의 존 히츠라는
사람으로부터 처음 스베덴보리의 책을 소개받았습니다.
헬렌은 스베덴보리의 책을 읽고 큰 감명을 받았고, 열여섯
살 이후로 스베덴보리의 교리를 확고히 믿었습니다.
스베덴보리는 영적인 체험을 통해 천사와 신을 만났다고
주장했으며, 이때의 경험을 바탕으로 기독교와 성경을
새롭게 해석했습니다.

1932년경에 미국의 극작가이자 소설가인
조지 버나드 쇼와 찍은 사진 ⓒ 2011
American Foundation for the Blind

스베덴보리의 교리는 헬렌이 장애를 극복하고 전 세계의
소외된 이웃들을 위한 사랑과 봉사를 실천하게 만든 힘의
원천이 되었습니다. 이러한 헬렌의 신앙을 고백한 책이 《나는
신비주의자입니다》입니다.
헬렌은 이 책에서 자신의 내적인 힘의 근원은 스베덴보리의
교리라고 말하고 있습니다. 헬렌은 영혼 불멸과 사후 세계에
대한 흔들림 없는 믿음을 가지고 있었고, 사후 세계에서는
자신이 볼 수도 있고, 들을 수도 있다는 희망을 품었다고
고백했습니다.

1932년경에 찍은 사진(왼쪽부터 헬렌 켈러,
앤 설리번, 폴리 톰슨) ⓒ 2011 American
Foundation for the Blind

who? 지식사전

신비주의 신학자 에마누엘 스베덴보리

스베덴보리(1688~1772년)는 17~18세기에 유럽의 기독교 신비주의를 이끌었던 사람 중의 한
명입니다. 스웨덴의 스톡홀름에서 태어난 그는 자연 과학을 연구하여 스웨덴의 학문 기관인 '광산국'에서
일했던 과학자이자 수학자였습니다. 그러던 그가 50대 후반 천사를 만나는 신비한 체험을 한 후, 인생에
변화가 시작되었습니다.
스베덴보리는 자신이 경험한 신비한 체험을 근거로, 신으로부터 계시받은 것을 다른 사람들에게
전하고자 했습니다. 그가 죽은 후 1787년에 그의 교리를 따르는 '새 예루살렘교회'가 세워졌습니다. 새
예루살렘교회는 현재 영국과 미국에 많은 신자를 가지고 있습니다. 저서로는 《천국의 놀라운 세계와
지옥에 대하여》, 《새 예루살렘》, 《자연 사물의 원리》 등이 있습니다.

스웨덴의 신학자
스베덴보리

헬렌 켈러가 볼 수 있는 세상은 언제나 캄캄한 어둠이었어요.

셋 《내가 살아온 이야기》

헬렌 켈러가 23세 때인 1903년에 출간한 책으로, 잡지 《레이디스 홈 저널》에 연재되었던 헬렌 켈러의 이야기를 책으로 엮어 낸 것입니다. 시청각 장애인으로 겪은 일들과 느낀 점을 담담히 기술한 이 자서전을 통해 어둠 속에서 공부하는 어려움 등 그녀가 어떻게 삶의 고난을 이겨 내며 얼마나 치열하게 살았는지 엿볼 수 있습니다.

이 책은 1996년 뉴욕 공립 도서관이 선정한 '20세기에 가장 중요한 100권의 책'에 선정되어 가치를 인정받게 되었습니다. 헬렌 켈러는 이 책을 출간함으로써 작가로서 세상에 발을 내딛을 수 있었습니다.

넷 《내가 사는 세상》

헬렌 켈러가 사는 세상은 보통 사람들과 달리 완벽한 어둠이었습니다. 《내가 사는 세상》은 그 어둠 속에서 빛을 찾아 노력하는 헬렌의 모습을 담아낸 자전적 글입니다. 헬렌 켈러는 자신에게 단어가 어떤 의미인지, 손과 촉감이 자신에게 다가오는 깊이와 어둠 속에서 발휘하는 자신의 상상력 등을 이 책에 담아냈습니다.

who? 지식사전

헬렌 켈러의 삶을 다룬 영화

헬렌 켈러와 앤 설리번의 감동적인 이야기는 영화로도 제작되었습니다. 그중 가장 유명한 것이 1962년에 나온 〈기적을 일으키는 사람〉(Miracle Walker)입니다. 이 영화로 헬렌 켈러는 미국을 넘어 전 세계에 알려지게 되었습니다. 하지만 헬렌 켈러가 단어를 이해하고 교육을 받기 시작하는 부분에서 영화가 마무리되어, 그 후 헬렌의 인생이 얼마나 열정적이었는지는 덜 알려지게 되었습니다. 이외에도 TV 영화 〈기적은 계속된다〉(1984년), 헬렌 켈러의 삶을 소재로 한 인도 영화 〈블랙〉(2005년) 등이 있습니다.

《나의 스승 설리번》

헬렌 켈러가 평생 자신을 위해 헌신했던 앤 설리번에 대한
사랑과 존경을 담아 1955년에 출간한 책입니다.
《나의 스승 설리번》은 앤 설리번의 불행한 어린 시절과 장애,
그로 말미암은 우울한 성격, 존 메이시와의 결혼과 이혼 등 앤
설리번의 일생을 자세히 다루고 있습니다. 또한 앤 설리번의
교육관과 어떤 면에서는 헬렌보다 더했던 뜨거운 열정과
굴하지 않는 정신세계를 엿볼 수 있습니다.
이 책을 통해 헬렌의 절대 포기하지 않는 강한 의지와 지치지
않는 열정이 앤 설리번의 영향이었다는 것을 알 수 있습니다.

1954년 다큐멘터리 〈헬렌 켈러 이야기〉로
오스카상을 받은 헬렌 켈러
© 2011 American Foundation for the Blind

그 외의 책들

헬렌 켈러가 자신의 삶을 다룬 자전적 글만 썼던 것은
아닙니다. 헬렌은 문학적 재능이 뛰어나서《돌담의
노래》 같은 문학 작품 외에도 수필《어둠 밖으로》,
《삶의 한복판》,《열린 문》등 10여 편의 작품을
썼습니다. 또한 책은 아니었지만 공개서한인《나는
어떻게 사회주의자가 되었나?》를 발표했습니다.

헬렌 켈러와 앤 설리번

헬렌이 처음 지은 이야기,《서리 왕》

《서리 왕》은 헬렌 켈러가 11세 때 지은 동화로, 퍼킨스 학교의 교장 애너그노스에게 보내지면서 세상에 알려지게
되었습니다. 애너그노스 교장은 이 이야기가 무척 마음에 들어 퍼킨스 학교 졸업생을 위한 잡지 《멘토》와 특수 교육 협회가
발행하는 《굿선 가제트》라는 잡지에 실었습니다.
이 글은 마거릿 캔비가 쓴 《버디와 요정 친구들》이라는 책에 들어 있는 《얼음나라 요정들》이라는 이야기와 매우 흡사하여
표절 의혹에 휘말렸지만, 마거릿 캔비가 헬렌 켈러를 옹호해 주어 표절 사건은 일단락되었습니다. 비록 표절 시비에
휘말렸지만, 이 이야기를 통해 헬렌이 글쓰기에 남다른 재능이 있음이 알려지게 되었습니다.

6 세상을 향한 외침

이런 거 말고, 장애인 이야기 있잖아요.
장애를 극복하는 이야기.

그런 이야기는
이미 썼는데요.

그러니까 쓰기 더 쉽지
않습니까? 조금만 바꿔서
다시 내는 거죠. 사람들이
그런 이야기를 신기해하고
찾는단 말이에요.

내가 신기한가요?

아니, 그런 뜻이 아니라. 하하하. 어쨌든 이런 순수 문학은 팔리지도 않고. 내 말 알겠지요?

실례했습니다.

헬렌은 자신의 글을 들고 출판사를 찾아갔지만, 번번이 거절당했습니다. 출판사가 원하는 건 헬렌이 장애를 극복하는 인간 승리의 이야기, 그것뿐이었습니다.

누구도 내가 쓰는 진짜 글은 보고 싶어 하지 않아요.

걱정하지 마, 헬렌. 틀림없이 알아주는 사람이 나타날 테니까. 그것보다 저기……

네, 선생님?

그게 그러니까…….

나…… 존과 결혼하게 되었단다.

어머! 정말 축하해요, 선생님!

고마워, 헬렌.

앤 선생님의 나이는 38세, 존의 나이는 27세로, 두 사람은 11세의 나이 차를 극복하고 결혼했습니다. 앤 선생님의 결혼으로 헬렌은 신혼집이 있는 랜덤 농장에서 존과 앤 선생님과 함께 살게 되었습니다.

헬렌은 존과 더욱 친해졌고, 존의 영향을 받았습니다.

존, 사회주의가 뭐죠?

사회주의? 재산은 개인이 아니라 사회가 가지고 그것을 사회 구성원들이 공평하게 나눠 가져야 한다는 사상이야. 근데 왜?

존이 《미국 사회주의》라는 책을 썼잖아요. 그래서 궁금해졌어요.

하하하, 헬렌도 사회주의자가 되려는 거야? 난 열렬한 사회주의자거든.

사회주의자?

헬렌, 잘 생각해 봐. 미국의 부자들 하면 떠오르는 록펠러, 카네기 이런 사람들 말이야. 이 두 사람이 가진 재산이 얼마인지 알아?

글쎄요?

자그마치
10억 달러가 넘어.

10억 달러는 요즘 우리나라 돈으로는
200조가 넘는 돈이었습니다.

어머! 그렇게
어마어마한 재산을
두 사람이 가지고
있다고요?

그래, 그리고 그 재산은 자식에게
남겨 주게 되지. 그 사람들 밑에서
일하는 노동자들은 하루하루
살기도 버거운데 말이야.

사회주의는 그런 불공평을
해결해 주나요?

이대로라면 부자는
점점 더 돈이 많아지고,
가난한 사람들은 더욱
가난해질 거야.

와, 정말요?

하지만 사회주의에서는
모두 똑같이 나누어 가지게
되어 있어. 백인과 흑인, 남자와
여자, 비장애인과 장애인의
차별도 점차 사라지겠지.

헬렌은 자신의 글이 잇달아 출판사에서 거절당할 때 장애인에 대한 차별을 느꼈습니다. 그런 헬렌에게 사회주의 이론은 꽤 마음에 와닿는 것이었습니다.

존! 날 일깨워 줘서 고마워요. 난 사회주의자가 되겠어요!

헬렌은 1913년 자신이 사회주의자가 된 이유와 사회주의자로서의 삶을 다룬 《어둠 밖으로》라는 책을 출판했습니다. 그것은 대단한 사건이었습니다. 왜냐하면, 미국은 사회주의가 아닌 자본주의와 자유주의를 채택하고 있었기 때문입니다.

아니, 헬렌 켈러가 사회주의자라고?

보지도, 듣지도 못하는 여자가 스스로 이런 생각을 했다는 걸 믿을 수가 없어.

틀림없이 뒤에서 누군가 헬렌을 조종하고 있는 거야. 혹시 앤 설리번?

하지만 헬렌이 사회주의자가 되는 걸 가장 반대한 사람은 바로 앤 선생님이었습니다.

헬렌, 도대체 너 뭘 하는 거니?

사회주의가 뭔지나 알고 사회주의자가 되겠다는 거야?

선생님, 사회주의에서는
모든 사람이 평등해요.
노동자, 여자, 흑인, 장애인,
차별받는 모든 이가
말이에요.

그건
이상적인 세계야.
실제 세계는
그렇지 않아.

사회주의는 사회가 창출해 낸 재산을
모든 이가 공평하게 가짐으로써
평등을 추구하는 사상입니다.

하지만 여기에는 몇 가지 문제점이 있었습니다.
열심히 일한 사람과 그렇지 않은 사람이 같은 재산을
가지게 됨으로써 생기는 불만이 있었고,

자, 우리 미국이 이번에
수출해서 얻은 이익을
어른, 아이 할 것 없이
공평하게 나눕시다.

내가 더 열심히
일했는데, 똑같이 받으면
난 손해잖아?

헤헤, 난 저 녀석보다
열흘이나 더 쉬었는데
똑같이 월급 받았다.

당시 부자들은 사유 재산을 넓게
인정하는 자본주의의 문제점을
인식하고 있었으므로 기부라는
행동을 통해 재산을 나누려고
하였습니다. 그런데 사회주의자들은
부자들을 비난하고 있었기에
갈등을 일으킬 소지가 있었습니다.

나쁜 자본가들!
그렇게 많은 돈을
가지고 있다니…….
돈은 나누는 거라고.

열심히 번 돈을
기부하면서도 욕먹어야 한다니,
기분 나빠서 기부 안 하겠어!

Blum Bros Store

앤 선생님이 걱정한 것은 바로 그 점이었습니다. 헬렌은 부자들에게 후원금을 받아 생활하고 있었기 때문입니다.

난 그 사람들을 비난하는 게 아니에요. 돈을 독차지하는 자본가들을 비난하는 거예요.

헬렌, 널 후원하는 사람들은 돈이 많은 사람들이야. 그런데 넌 사회주의를 한답시고 우릴 도와주는 사람까지 비난하고 있어.

넌 책을 통해 세상을 배웠어.

직접 부딪히며 세상을 배운 게 아니지 않니? 이론과 실제는 다르단다.

전 제 생각을 고칠 필요성을 느끼지 못하겠어요. 전 모두가 평등해야 한다고 생각하거든요. 이제 장애인뿐 아니라 여성과 흑인, 차별받는 모든 이를 위해 활동하겠어요.

장애인에 대한 차별은 네가 직접 느끼는 것일 테니, 그렇다 치자.

그런데 여성은? 나도 여자이지만 여성이 차별받지 않으려면 뭘 해야 하는데?

선생님, 여자는 같은 노동을 하고도
남자 노동자보다 월급을 적게 받아요.
여자들을 차별하는 건 남자들만 정치를 하기
때문이에요. 남자 위주로 정책을 펼치니까
여성들에게는 기회가 주어지지 않는 거예요.
그러니까 여자도 정치를 해야 해요.

뭐라고? 여자가 정치에
참여해야 한다고?
그게 무슨 소리냐, 헬렌?
정치란 건강한 남자가
하기에도 버거운 거야.

거기다 넌 세상을 다
아는 듯이 이야기하고 있구나.
네가 그런 생각을 하는 건
네 경험이 아니지 않니?
사회주의에 대한 책과 존한테
들은 이야기 때문이지.

그렇긴 하지만,
전 제가 생각하는 게
옳다고 믿어요.

헬렌,
생각을 고쳐.

선생님,
선생님께서는
언제나 절
올바르게
이끄셨지만,
이번에는 달라요.
저에게는
신념이란 게
생겼으니까요.

헬렌은 성장했습니다. 자기 철학을 가지게 되었고,
자신의 인생을 계획하고 행동하는 사람이 되었습니다.
헬렌의 신념은 모든 이가 평등해야 한다는 것이었고,
그것을 위해 강연 여행을 시작했습니다.

여러분도 잘 아시겠지만,
전 보지도 듣지도 못합니다. 하지만 전 대학을
졸업했고 이렇게 여러분 앞에서 말을 할 수 있게
되었습니다. 장애인도 충분히 사회 구성원으로서
제 역할을 할 수 있습니다.

문제는 장애인들은 그럴 수 없다는
편견으로 사회 속 약자로 규정하고
차별하는 것입니다.

참, 대단하군.
보지도 듣지도 못하는
사람이 어떻게
연설을 할 수 있지?

발성법을
배웠다잖아.

대학도 나오고 저렇게 강연도 하고 말일세.
이건 어지간한 비장애인도 못 하는 일 아닌가?

집에 돈이 많은가 보지.
앤 설리번 같은 개인 교사도 있으니
저렇게 되는 건 당연하지.

방청객 중에는 시각 장애인들도 있었습니다.
그런데 그들은 헬렌을 좋아하지 않았습니다.

좋은 집에서 태어나
좋은 교육을 받아서 아주
멋진 소리를 잘하는걸?

그러게 말이군.
정작 우리 같은 장애인과는
상대도 안 하고 항상 비장애인만
상대로 이야기하는군.

우리같이 가난한 장애인의 고통을
헬렌 켈러는 알고 있을까?

장애인들이 왜 날 미워하죠?

대기실

넌 좋은 집에서 태어나
교육의 혜택을 받고
강연까지 하고 있으니,
가난하게 태어나
평생 차별받고 사는
장애인들의 진짜
괴로움을 이해
못 한다는 거야.

제가요? 선생님도
그렇게 생각하세요?

아니, 난 네 진심을 알아. 네가 하는 활동은
분명히 장애인에 대한 비장애인의 생각을
바꿀 거야. 그때쯤 되면 널 못마땅해하는
장애인들도 너의 진심을 알게 되겠지.

언젠가 내가 정말 장애인들을 위해 온 힘을 다하고 있다는 걸 알아주겠죠?

그럴 거다.

그럼 됐어요. 전 계속 강연할 거예요.

그런데 헬렌, 문제가 생겼다.

문제라뇨?

네가 강연을 하면서 부자들을 비판하는 바람에 후원금이 모두 끊기게 생겼어.

!

부자들에 대한 비판은 그만하고 그냥 장애인으로서 너의 인생을 강연 하는 게 어떻겠니? 다행히 카네기 씨는 새 후원자가 되어 주겠다고 하셨어.

아니요.

헬렌, 그게 무슨 말이지?

누군가가 도와주는 돈으로 살아가는 건 부끄러운 일이에요. 이제 제가 벌어서 살 거예요. 더구나 카네기 씨라면 누구보다 제가 많이 비판한 사람인걸요.

그런 자본가의 도움을 받을 수는 없어요. 전 제힘으로 살겠어요!

네가 그렇다면, 어쩔 수 없지.

1916년, 미국은 제1차 세계 대전에 참전하려는 움직임이 일어났고, 헬렌은 즉각 참전 반대 연설을 시작합니다.

여러분! 미국은 지금 전쟁을 일으키려 하고 있습니다.

전쟁이 일어나면 엄청난 사상자와 저와 같은 장애인이 생겨날 것입니다. 하지만 장애인에 대한 이 사회의 냉대와 차별은 아직 여전합니다.

1917년에는 러시아 혁명이 일어나 사회주의 국가
소련이 탄생합니다. 헬렌 켈러는 사회주의자로서
이를 축하하는 연설을 감행했습니다.

전진하라, 동지여!
러시아에 새 별이 떴다!

이런 정치적인 활동은 미국을 발칵 뒤집어 놓았습니다.

헬렌 켈러의 사상이
매우 온당치 않습니다.

틀림없이 헬렌 켈러를
이렇게 만들어 놓은 사람들이
주위에 있을 겁니다.
헬렌 켈러를 감시해
고약한 사회주의자들을 찾아
처벌해야 합니다.

결국 FBI(미연방수사국)라는
특수 기관에서 비밀리에 헬렌을
감시하기 시작했습니다.

하지만 헬렌 켈러는 연설을 통해 정치 활동을 계속했습니다. 이번에는 남부 지방에서 문제가 되고 있던 인종 차별이 주제였습니다.

사람을 피부색으로 차별하는 일이 아직도 남아 있습니다. 흑인을 차별하는 것은 성경의 가르침을 거역하는 일입니다.

헬렌 켈러가 미쳤군. 헬렌도 남부 출신이면서 어떻게 저렇게 북부인 같은 이야기를 하는 거지?

앤 설리번 때문이겠지. 그 여자는 북부 출신이잖아.

어쨌든 헬렌은 고향을 배신한 거야!

인간 승리자로 유명세를 치렀던 헬렌은 이제 전 미국의 감시 대상이 되었고 수많은 사람의 비난을 사게 되었습니다. 그러나 헬렌은 멈추지 않았습니다.

난 전쟁에 반대합니다. 미국이든 독일이든 전쟁에서 더는 희생자가 나오면 안 됩니다. 난 내 책 《내가 살아온 이야기》의 독일어 판 인세를 모두 독일에 돌려주겠습니다.

아아, 이제 어떻게 살지?

세상 사람들의 비난이
헬렌에게 향했습니다.
그러나 헬렌은 옳다고 생각하는
신념을 굽히지 않았습니다.
그렇게 헬렌은 인권 운동가로서
자신의 존재를 널리 알려 가고
있었습니다.

!

헬렌 켈러와 사회주의

하나 **사회주의란?**

사회주의는 사회 전체의 경제 활동을 통해 그 이익을 사회 구성원 모두에게 공평하게 나누자는 이념입니다. 개인의 재산권을 인정하는 자본주의 사회에서 경제적 불평등과 노동자에 대한 착취가 일어나자, 그에 대응하여 생긴 이념입니다.

대표적인 사회주의 사상가는 카를 마르크스입니다. 마르크스는 사회주의의 다음 단계로 모두가 공평하게 생산하고 부를 나누는 공산주의를 지향했습니다. 공산주의는 사회주의의 한 갈래로, 이론적으로는 완벽한 이상향을 제시하고 있으나 현실에서 구현하기가 사실상 불가능하다는 약점을 가지고 있습니다.

대표적인 사회주의 사상가인 카를 마르크스

둘 **사회주의의 맹점**

한때 옛 소련(소비에트 연방)을 시작으로 전 세계 국가 중에 절반 정도가 사회주의를 채택하였습니다. 이 때문에 제2차 세계 대전 이후 미국을 중심으로 자본주의를 채택하고 있던 나라들과 대립하게 되었는데, 이를 냉전 체제라고 합니다. 사회주의 국가들은 시간이 지나면서 여러 가지 모순을 드러내기 시작했습니다.

계급 타파의 모순

사회주의는 사회 구성원 모두가 경제 활동을 하는 것으로, 이론적으로 역할의 구분은 있지만, 계급의 구분은 없습니다. 즉, 사장과 노동자가 평등하고 어른과 아이, 선생과 학생이 평등해야 했습니다. 그러나 현실에서 이와 같은 계급 타파는

마르크스 동상 ⓒ fhwrdh

이루어지지 않았습니다. 이론적으로는 자본가와 노동자의 계급이 사라졌지만, 실제로는 고급 기술을 가진 자와 정부 관리가 특권을 가진 새로운 계급으로 나타난 것입니다.

옛 소련의 정치가인 블라디미르 레닌을 재현한 모형. 레닌은 사회주의 이론에 충실한 나라를 세우고자 했어요. ⓒ Ben Sutherland

조건 없는 평등에 대한 불만

사회주의 국가에서는 계획 경제에 따라 국민이 생산 활동을 하고, 국가가 국민에게 식량과 생필품으로 배급해 주었습니다. 따라서 노인, 아이, 여자, 남자 할 것 없이 평등하게 똑같은 식량과 생필품, 월급을 받는 것이 기본 원칙이었습니다. 그런데 이 때문에 일을 더 열심히 한 사람들 사이에 불만이 생겨나기 시작했습니다. 그들은 노력에 대한 대가를 제대로 받지 못하자 일할 의욕을 잃었고, 그 때문에 사회 전체의 경제 생산력이 떨어지는 현상이 나타났습니다.

독재의 가능성

사회주의 국가의 대표자는 국민에게 식량과 재화를 나눠 주는 책임을 졌습니다. 이를 위해 대표자는 식량과 재화를 관리, 통제하고 국가의 모든 기관을 지배할 필요가 있었습니다. 이로 말미암아 한 사람에게 권력이 몰리는 독재 정치의 출현이 쉬웠습니다.

옛 소련의 정치가인 이오시프 스탈린. 레닌이 죽은 뒤에 권력을 독점하고 독재 정치를 펼쳤어요.

who? 지식사전

마르크스와 엥겔스

카를 마르크스와 프리드리히 엥겔스는 자본주의의 모순을 설명하고 계급 혁명을 주장한 대표적인 사회주의 사상가들입니다. 두 사람은 자본주의 사회가 자본가들에게 노동자들을 착취할 수 있는 발판을 만들어 준다고 생각했습니다. 마르크스와 엥겔스는 노동자들이 자본가들의 노동 착취에 맞서 계급 혁명(프롤레타리아 혁명)을 통해 공산주의의 세계로 나갈 것을 주장했습니다. 이들의 사상은 레닌이 10월 혁명을 일으켜 러시아 황실을 무너뜨리고 소련을 건국하는 데 영향을 주었습니다.

독일의 사회주의 사상가 프리드리히 엥겔스

셋   헬렌 켈러 시대의 자본주의 맹점

셋   헬렌 켈러 시대의 자본주의 맹점

자본주의는 개인이 재산을 소유할 수 있는 권리를 인정하며, 개인의 자유로운 경쟁을 통해 재화의 소비와 공급이 결정되는 시장 경제를 주장하는 경제 이념입니다. 자본주의의 기본 이념은 국가가 간섭하지 않고 시장 경제 체제에 모든 걸 맡겨 두라는 것입니다. 그러나 이 때문에 몇 가지 문제가 드러났습니다.

자본주의의 발달과 함께 자본을 가진 사람들은 사업을 더욱 확장하여 더 큰돈을 벌어들였습니다. 이렇게 되자 한 기업이 하나의 산업을 완전히 장악하는 현상이 나타났습니다.

이런 식으로 한 개인이나 기업에 부가 몰리자, 가난한 노동자들과 새로운 사업에 투신할 꿈을 가진 사람들이 심한 좌절감을 느끼게 되었습니다.

또한 특정 산업을 장악한 사람들 때문에 뒤늦게 그 산업을 시작한 사람들은 성공이 원천적으로 제한되었습니다. 이 때문에 사람들은 자신의 꿈과는 상관없이 가난한 노동자에 머물러야 했고, 부자들은 미래의 경쟁자들을 원천적으로 차단하며 더욱더 부를 늘렸습니다. 이러한 분위기에서 사람들은 자본가가 노동자를 착취하여 개인의 부만 쌓아 간다고 생각하게 되었습니다.

1776년 발표한 《국부론》을 통해 자본주의 기본 개념을 정립한 고전 경제학자 애덤 스미스

존 록펠러는 미국의 자본가로 석유 시장을 독점해 막대한 부를 쌓았어요.

who? 교과연계

→ 사회 5학년 1학기   4. 우리 사회의 과제와 문화의 발전

1980년에 우리나라에서 만들어진 공정 거래 법안 속지. 공정 거래법은 독점을 막기 위해 만들어진 법이에요.

독점(Monopoly)이란?

하나의 기업이 한 산업을 지배하는 시장 형태를 말합니다. 오늘날에는 한 산업을 소수의 기업이 지배하고 있어 새로운 기업이 진입하기 어려운 시장 형태가 많습니다. 이를 '독과점'이라고 합니다. 독점 기업은 경쟁이 없기에 자기 이윤을 최대로 남기기 위해 가격을 마음대로 결정합니다. 이로 말미암아 소비자가 피해를 보는 경우가 많아서 지금은 국가에서 법으로 독점을 규제하는 공정거래법을 만들어 시행 중입니다.

도로디어 랭의 사진 작품으로, 1936년 3월
대공황 시기에 어린 딸을 데리고 배급권을
기다리는 여성의 모습을 담고 있어요.

1920년대에 자본주의 국가들이 대공황을 겪으면서
경제적으로 큰 혼란을 겪었습니다. 이 때문에 시장 경제의
약점이 드러나자 자본주의 국가는 정부의 적극적인 주도로
시장 경제를 보완하게 되었는데, 이를 수정 자본주의라고
합니다.

수정 자본주의는 비상시 정부가 통화의 유통을 규제하여 시장
경제에서의 급격한 경제 불황을 막으려 했습니다. 그리고
한 기업이 특정 산업을 장악하지 못하게 독과점 방지법을
만들어 여러 기업의 경쟁을 통해 산업이 발전할 수 있게
만들었습니다. 또한 만약의 사태가 발생하더라도 노동자들이
생활을 유지할 수 있게 의료 보험과 연금 제도 등의 복지
정책을 추진했습니다.

수정 자본주의는 시장 경제가 갑작스럽게 붕괴하는 위험을
막을 수는 있지만, 정부의 지나친 개입으로 기업의 성장을
방해하는 부작용도 있었습니다. 그래서 정부가 개입하되
최소한으로 해야 한다는 신자유주의가 새로운 자본주의 경제
이념으로 나타나게 되었습니다.

존 메이너드 케인스. 자본주의에도
규제 체계가 있어야 한다고 주장하여
수정 자본주의의 힌트를 주었어요.

who? 지식사전

시장 경제를 도입한 사회주의 국가

현재까지 남아 있는 사회주의 국가는 중국, 베트남, 쿠바, 라오스, 북한 등입니다. 하지만
중국은 사회주의 체제로 경제 발전을 기대할 수 없자 1970년대에 들어 자본주의의 시장
경제를 도입했습니다.

당시 중국의 지도자였던 덩샤오핑은 1980년대에 사회주의든 자본주의든 중국이 잘살면
된다는 실용주의를 내세워 자본주의의 장점을 도입했습니다. 이후로 중국은 사회주의 국가지만
자본주의 체제를 받아들였고 현재는 미국과 함께 세계 2대 강대국으로 성장했습니다.

자본주의 시장 경제를 도입한
중국의 지도자 덩샤오핑
© Schumacher, Karl H.

7 꺼지지 않는 희망

헬렌이 치열하게 살아가는 동안
많은 일이 있었습니다. 헬렌의 사회 활동으로
생활이 불안해지자 존과 앤 선생님은
결국 헤어지게 되었습니다.

생활비를 벌기 위해 헬렌은
자신의 이야기를 다룬
영화에 출연했으며
연극 무대에도 올랐습니다.

그러던 와중에 앤 설리번 선생님의
건강이 급격히 악화되었습니다.

선생님, 아프지 마세요.
이제 제가 돌봐 드릴게요.

으음?

헬렌은 몸이 약해진
앤 선생님을 대신해 자신을
돌볼 사람을 고용했습니다.

전 폴리예요. 이러다 몸 상하겠군요.
헬렌, 침대로 가서 쉬세요.

1936년 10월 20일, 헬렌의 영원한 동반자이자 친구였던 앤 설리번 선생님이 70세의 나이로 세상을 떠났습니다.

선생님, 안 돼요!

흑흑. 내가 만약 앞을 볼 수 있다면 가장 먼저 보고 싶었던 얼굴······.

앤 설리번 선생님, 바로 당신이었습니다.

앤 설리번 선생님의 죽음으로 세상 사람들은 헬렌 켈러의 인생이 끝났다고 생각했습니다.
그들은 헬렌 켈러가 스스로 의식이 있음을 믿으려 하지 않았기 때문입니다.

헬렌 켈러는
앤 설리번 없이는 결코
아무것도 못 할 거야.

물론이지.
이제야 쓸데없는
정치 이야기를
하지 않겠군.

하지만 헬렌은 사회 활동을 멈추지 않았습니다.
헬렌은 1937년 아시아의 여러 나라로 자선 여행을 가서
장애인들에게 희망을 전해 주었고,

와
와아
와

앤 설리번 선생님 이후
자신을 돌봐주던 폴리의
도움을 받아 1938년
《헬렌 켈러의 일기》라는
책을 출간했습니다.

이럴 수가!
설리번이 없는데도
헬렌이 책을 내다니…….

당시 미국에는 전운이 감돌고 있었습니다. 그것은 독일이 일으킨 제2차 세계 대전 때문이었습니다.

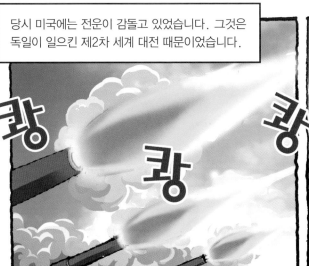

카르르르

콰 쾅 쾅

독일은 제1차 세계 대전 이후
전쟁 배상금 때문에 경제난에 시달렸습니다.

전쟁에 사용된 무기값, 군인들 월급, 파괴된 도로 수리비 등 배상금을 내놔라.

네가 전쟁 일으켰지? 이 전쟁은 순전히 네 책임이다.

끄응...... 돈이 없는데.

영국   프랑스   미국

독일

그러던 중 히틀러의
나치당이 탄생하였습니다.

세계를 정복해 버리자. 지난 패배의 복수다.

세계를 정복하면 배상금을 낼 필요도 없고, 그들의 재산도 우리 것이 된다. 단숨에 부강한 나라가 되기 위해선 전쟁으로 다른 나라를 정복하는 길뿐이다.

난 시력을 잃을지도 몰라요. 총탄이 눈에 튀었던 말입니다!

아, 저런…….
정말 안됐어요.

그런 동정은 필요 없어요!
이제 전 아무것도 할 수 없을 거예요!
앞이 안 보인다는 게 어떤 기분인지
알기나 하세요? 당신은 내 고통을
죽어도 알 수 없을 겁니다!

그렇지 않아요.
난 헬렌 켈러예요.

네?
시청각 장애인인
그 헬렌 켈러?

그래요. 자, 날 생각하면서 힘을 내세요.
당신의 장애는 절대 당신 인생에
걸림돌이 될 수 없어요.

여, 여사님!

어? 헬렌 켈러 여사다!

여사님!

헬렌은 부상병들을 찾아다니며 그들에게 희망을 전했습니다.
시청각 장애인이면서도 장애를 극복한 삶을 살던 헬렌 켈러의 위문은
부상병들에게 큰 위로가 되었습니다.

여사님, 환영합니다!

제2차 세계 대전은 일본의
히로시마와 나가사키에 떨어진
원자 폭탄의 위력으로
1945년 연합군의 승리로
끝이 납니다.

쾅

콰

할머니가 된 헬렌은
이제 핵무기 반대 운동에
새롭게 나섰습니다.

하나의 폭탄이 도시 하나를
없앴습니다. 이런 무기는
인류의 평화를 위협합니다.
더 이상 핵무기를 만들어선
안 됩니다.

헬렌은 감시를 받던 사회주의자에서 평화주의자로 거듭나 있었습니다.
그러자 헬렌의 인기는 다시 올라가 수많은 정치인이 헬렌을 찾았습니다.

헬렌, 당신이 바라는
이상적인 사회가 있나요?

물론이죠.
난 장애인들이
정상인처럼
교육을 받고 사회에
진출하길 바랍니다.
그리고 장애인, 여성,
인종에 대한 차별이
없는 세상을
바랍니다.

당신의 소망이
실현되는 정책을
펼치겠습니다.

자, 빨리 사진 찍자고.
헬렌도 날 지지한다고
소문내는 거야. 알지?

혹시 지금 무얼 하시나요?

아니요, 그냥 기념사진입니다. 웃으세요.

폴리는 이런 상황이 마땅치 않았습니다.

사람들이 당신을 이용하고 있어요. 조심하세요, 헬렌.

이용이라니? 그게 무슨 말이죠, 폴리?

정치인들이 너도나도 찾아와 당신의 말을 들어주는 건 당신을 위해서가 아니에요. 당신의 유명세를 이용해 정치 활동을 하려는 거예요.

나를 이용하면 뭐 어때서요?
그래서 장애인들의 생활이
좀 더 나아질 수 있다면
난 어떻게 되어도 상관없어요.

헬렌은 시청각 장애인들을 위해
전 세계를 돌아다니며 장애인을 위한
교육 기관의 필요성을 주장했습니다.
세계의 정치인과 기업인들은
헬렌의 연설에 크게 감명받았습니다.

헬렌도 이제 80세가 넘은 노인이 되었습니다.
왕성하게 활동한 그녀였지만, 이제 기력이 없었습니다.
헬렌은 조용히 집에서 책을 읽으며 여생을 보냈습니다.

헬렌은 찾아오는 사람도 마다하며
혼자 시간을 보냈습니다.
그러다 당뇨병에 걸려 투병을 시작했습니다.

하아······.

하아

하아

그러던 중 세계를 돌아다니며 호소했던 헬렌의 노력이 결실을 거두기 시작했습니다. 곳곳에서 장애인을 위한 특수 학교가 생기기 시작했고,

미국 내 인종 차별 철폐 운동도 절정을 이뤄 가고 있었으며,

나는 꿈이 있습니다. 가족과 함께 나들이 가고······.

SCHOOL FOR THE BLIND

마틴 루서 킹

제2차 세계 대전 후 수많은 유명 여성 운동가들이 등장해 여성의 인권에 대해 이야기했습니다.

여성은 지금까지 제2의 성에 머물러 있었습니다. 언제나 남성이 결정하는 대로 따라다녔지요. 이제는 여성이 직접 움직여 세상을 만드는 데 일조해야 합니다.

시몬 드 보부아르

세상은 헬렌이 그토록 꿈꾸었던 곳으로
조금씩 바뀌고 있었습니다.
그러나 병마와 싸우던 헬렌은
이 기쁜 소식을 알지 못했습니다.

하아, 하아······.
더는 버티기가 어렵구나.

하아

하아···

1964년 헬렌은 미국 최고의
훈장인 자유 메달을 받았습니다.
그리고 1년 후 뉴욕 박람회에서
여성 명예의 전당에 올랐습니다.

Helen keller

헬렌은 결국 1968년 6월 1일
조용히 세상을 떠났습니다.
헬렌의 나이 88세였습니다.

꺼지지 않는 희망 **163**

마크 트웨인은 그녀를 나폴레옹과 함께
근세의 2대 거인이라고 칭했습니다.

헬렌 켈러, 그녀의 불굴의 의지는
비장애인도 흉내 낼 수 없는 남다른 것이다.
근세의 두 명의 거인을 꼽는다면
나폴레옹과 함께 그녀를 꼽겠다.

헬렌 켈러는 중복 장애를 이겨 낸
불굴의 의지를 갖춘 위인임과 동시에
세상의 온갖 차별에 맞서 싸운 사회 운동가였으며,
뛰어난 문학적 소양을 가진 작가였습니다.

헬렌 켈러에게는 '빛의 천사'라는 별명이 있었습니다. 그 자신은 비록 어둠 속에서 살았지만 그녀는 장애인은 물론 쉽게 인생을 포기하려는 사람들에게 빛을 선물했습니다.

그 찬란한 빛은 오늘날까지도 많은 사람에게 큰 교훈을 남기고 있습니다.

who?와 함께라면 미래가 보인다

어린이
진로 탐색

사회 복지사

어린이 친구들 안녕?
헬렌 켈러 이야기 재미있게 읽었나요?

그렇다면 이제부터
헬렌 켈러가 꿈을 키워 가는 과정을 함께 되짚어 보며
그가 활동한 분야와 그 분야에 속한 다양한 직업에 대해
살펴봐요!

또한 여러분에게는 어떤 장점과 적성, 가능성이
숨어 있는지 찾아보면서
그것을 어떻게 진로와 연결시킬 수 있는지에 대해서도
알아봅시다!

그럼 지금부터
여러분이 멋진 꿈을 향해 나아갈 수 있도록 도와줄
진로 탐색을 시작해 볼까요?

자기 이해부터
진로 체험까지,
다양한 진로 탐색
활동을 시작해 봐요!

스스로에게 용기를 주는
나의 시련 극복기

헬렌 켈러는 보지도, 듣지도, 말하지도
못했지만 발성법을 익혀 말을 할 수 있었어요.
또 시청각 중복 장애인으로서는 최초로
대학을 졸업하였고 작가, 사회 운동가가 되어
자신의 소신을 당당히 말하였습니다. 헬렌
켈러가 장애를 극복한 이야기는 지금까지도
많은 사람에게 희망을 주고 있어요.

여러분에게도 어려움을 극복한 경험이 있을 거예요. 그 경험을 적어 보세요. 용기가
필요할 때마다 기억해 낸다면 힘을 얻을 수 있을 거예요.

✳ **어떤 어려움을 겪었나요?**

✳ **어떻게 어려움을 이겨 냈나요?**

✳ **어려움을 극복한 후에 어떤 느낌이 들었나요?**

✳ **미래의 내가 어려움을 겪게 된다면 어떤 말로 격려해 주고 싶은가요?**

내가 헬렌 켈러라면?

헬렌 켈러는 태어난 지 얼마 되지 않아 큰 병에 걸려서 보지도 듣지도 말하지도 못하게 되었어요. 설리번 선생님을 만나기 전까지는 어느 누구와도 의사소통을 할 수 없었지요. 이러한 장애가 있을 때의 불편함은 직접 겪지 않는 이상 이해하기 힘들어요.

여러분 스스로 눈이나 귀, 입, 손 등 신체의 일부분을 쓰지 못하도록 한 후 일정 시간 생활해 보세요. 그리고 그 느낌을 적어 보세요. 장애가 있는 사람들의 어려움을 아주 조금이나마 이해할 수 있을 거예요.

✳ **어떤 체험을 했나요?**

✳ **어떤 점이 불편했나요?**

✳ **다른 사람이 어떤 도움을 주길 원했나요?**

✳ **도움을 받거나 혹은 도움을 받지 못했을 때 어떤 느낌이 들었나요?**

사회 복지사가 하는 일은?

진로
탐색
STEP 3

헬렌 켈러처럼 사회에서 소외되고 약한 이들의 생활에 관심을 갖고 그들을 직접 돕는 일을 하는 사람들이 있답니다. 바로 사회 복지사예요. 사회 복지사에는 어떤 종류가 있고, 어떤 일을 하는지 보기 에서 알맞은 단어를 골라 빈칸을 채워 보세요.

보 기

• 사회 복지 공무원   • 사회 복지 연구원   • 의료 사회 복지사

사회 복지사의 종류	하는 일
일반 사회 복지사	독거노인, 다문화 가정, 장애인, 학대 피해 아동, 저소득 가정 등 도움이 필요한 사람들에게 직접적인 도움을 주는 시설에서 일합니다. 사회 복지사는 나라에서 인정하는 자격증이 있어야 하며 아동, 청소년, 장애인, 노인 등 보살피는 대상에 따라 전문 분야가 나누어집니다.
( )	나라의 사회 복지 제도가 잘 이루어지도록 사무실에서 행정 관련 일을 하는 사회 복지사도 있습니다. 이들은 나라에서 기초적인 생활에 대한 지원을 받아야 할 사람들을 선정하며, 사회 복지에 대한 예산을 짜고, 자원봉사자에 대한 교육을 진행하기도 합니다.
( )	직접 사람들을 돕지는 않지만 사회 복지 제도와 사회 복지사가 사회에 얼마나 도움이 되는지 연구하는 사람들이 있습니다. 이들은 연구소에서 일하며 사회 복지 제도가 얼마나 효과가 있는지, 사회 복지 혜택을 받지 못하는 사람은 없는지, 그들을 위한 더 좋은 정책은 없는지 등을 연구하고 알아봅니다.
( )	전문적인 의료 지식을 가지고 있는 사회 복지사입니다. 병원이나 보건소 등에서 활동하며, 환자가 병을 치료하고 회복한 후 다시 사회에서 생활하는 과정에서 겪는 문제를 돕는 일을 합니다.

정답: 사회 복지 공무원, 사회 복지 연구원, 의료 사회 복지사

나는 이런 사회 복지사가
될 거야!

헬렌 켈러는 여러 지역을 다니면서 장애인, 여성, 인종에 대한 차별이 없고, 전쟁이 없는 세상에 대해서 이야기했어요. 사람들이 부정적인 반응을 보이더라도 그에 굴하지 않고 헬렌 켈러는 계속해서 사회에 소외된 사람들이 없어야 하며 그들에게 도움을 줘야 한다고 말하였습니다.
여러분이라면 어떤 사회 복지사가 되고 싶나요? 혼자 사시는 노인들이나 고아, 장애가 있는 사람, 학교에 적응하지 못하는 학생 등 어떤 사람에게 어떤 도움을 주고 싶은지 사회 복지사가 됐다고 생각하고 구체적으로 적어 보세요.

✳ **어떤 사람을 돕는 사회 복지사가 되고 싶은가요?**

✳ **왜 그 사람들을 도와줘야한다고 생각했나요?**

✳ **어떻게 도움을 주려고 하나요?**

✳ **사회 복지사가 되기 위해 어떤 노력을 해야 할까요?**

나누는 기쁨을 알게 되는 자원봉사

사회 복지사가 되기 위해 체험해 볼 수 있는 가장 좋은 활동은 바로 자원봉사입니다.
어려운 사람들을 도우며 사회 복지사로서 어떤 일을 할 수 있는지 생각해 볼 수 있는
기회가 될 거예요.

자원봉사에는 여러 가지 종류가 있답니다. 아동 복지관에서 아이들과 놀아 주고
청소를 하거나, 장애인 복지관에서 몸이 불편하신 분의 일상생활을 도와주거나, 노인
복지관에서 할머니와 할아버지의 말벗을 해드리거나, 사회 복지 단체에서 필요한
일손을 도울 수 있겠지요. 그 외에도 예술, 건축, 법률, 컴퓨터공학, 언어 등 전문적인
분야의 능력이 있는 경우 그러한 도움을 필요로 하는 사람에게 재능을 기부할 수
있습니다.

자원봉사를 하기 위해서는 어디서 자원봉사자를 모집하는지를 알아야겠지요.
행정자치부에서 운영하는 '1365 자원봉사포털(www.1365.go.kr)'이 도움이 됩니다.
먼저 홈페이지의 '봉사참여' 메뉴에서 지역별 또는 분야별 봉사 조회를 통해 참여할
수 있는 봉사 활동을 찾습니다. 그런 다음 참여하고자 하는 곳의 기간이나 조건, 봉사
활동 내용을 확인한 후에 휴대전화 번호와 이메일 주소를 입력합니다. 마지막으로
봉사 활동 신청 버튼을 누른 후에 결과를 기다리면 됩니다.

자원봉사를 신청하기 전에 홈페이지의 '봉사안내' 메뉴에서 '자원봉사 교육자료'를
통해 자원봉사의 의미, 종류와 봉사자의 자세에 대한 교육을 받아보는 것도 좋은
방법입니다.

어려운 이웃에게 연탄을 나누어 주는 자원봉사자들의 모습 ⓒ Jinho Jung

자원봉사 체험기 쓰기

자원봉사를 통해 도움이 필요한 곳에서 직접 일해 보면, 사회 복지사에 대해 막연히 생각했던 것과 다른 점이 있을 수 있을 거예요. 자원봉사를 하고 난 이후 달라진 생각과 내가 부족했던 부분을 써 보고, 더 나은 모습이 되기 위해서는 어떻게 해야 하는지를 생각해 보세요. 이러한 시간을 통해 사회 복지사에 한걸음 더 가까워져 있는 자신의 모습을 발견할 수 있을 거랍니다.

1. 어떤 봉사활동을 했나요?

2. 자원봉사를 하고 나서 달라진 생각을 적어 보세요.

3. 봉사활동을 하면서 발견하게 된 자신의 새로운 능력 혹은 부족한 점이 있나요?

4. 하고 싶은 다른 봉사활동을 생각해 보세요.

헬렌 켈러

1880년		6월 27일, 미국 앨라배마주 터스컴비아에서 태어납니다.
1882년	2세	생후 19개월 때 뇌척수막염으로 시청각 장애를 앓습니다.
1887년	7세	3월 3일, 헬렌 켈러는 자신의 가정 교사로 앤 설리번을 만납니다.
1892년	12세	헬렌이 11세 때 쓴 동화《서리 왕》의 표절 시비가 일어납니다.
1900년	20세	하버드 대학 부설 여대인 래드클리프 대학에 입학합니다.
1903년	23세	《레이디스 홈 저널》에서 헬렌 켈러의 삶을 연재합니다. 이 연재물은《내가 살아온 이야기》라는 책으로 출간됩니다.
1904년	24세	시청각 중복 장애인으로서 처음으로 학사 학위를 받습니다.
1905년	25세	앤 설리번이 존 메이시와 결혼합니다.
1906년	26세	매사추세츠주 맹인 협회 위원으로 추천됩니다.
1907년	27세	교육 백과 사전에 맹인에 대한 논문을 기고합니다.

1914년 34세	앤 설리번을 대신해 폴리 톰슨을 고용합니다.	
1916년 36세	반전 운동에 앞장섭니다.	
1918년 38세	영화 〈해방〉에 출연합니다.	
1920~1921년	전 미국을 순회하며 강연회를 개최합니다.	
1924년 44세	미국 맹인 사업 협회의 자금을 모으려고 노력합니다.	
1931년 51세	필라델피아 테플 대학에서 명예 박사 학위를 받습니다. 유럽 대륙을 순회하며 강연합니다.	
1936년 56세	10월 20일, 앤 설리번이 세상을 떠납니다.	
1937년 57세	우리나라와 일본을 방문해 강연회를 개최합니다.	
1942년 62세	제2차 세계 대전의 부상병 구제 운동을 펼칩니다.	
1948년 68세	일본과 유럽 대륙을 여행하며 강연합니다.	
1964년 84세	미국의 최고 훈장인 자유의 메달을 받습니다.	
1968년 88세	6월 1일, 세상을 떠납니다.	

ㄴ
나폴레옹 79
《내가 살아온 이야기》 119, 124
뉴딜 정책 104

ㄷ
독점 146

ㄹ
래드클리프 대학 101
루이 브라유 61, 102

ㅁ
마거릿 캔비 75
마르크스 145
마크 트웨인 78

ㅅ
사회주의 국가 145, 147
사회주의 129, 144
《사흘만 볼 수 있다면》 122
《서리 왕》 68, 125
세종 대왕 103
《소공자》 33
수정 자본주의 147
수화 58
신체적 장애인 56

ㅇ
《아메리칸 노트》 20, 31
안토니오 무치 77
알렉산더 그레이엄 벨 25, 77
앤 설리번 29, 76
앵겔스 145
에마누엘 스베덴보리 123
여성 참정권 32
이희아 105

ㅈ
자본주의 146
점자 57, 102
정신적 장애인 57
중복 장애인 57
짐 애보트 105

ㅊ
찰스 디킨스 20, 31

ㅍ
퍼킨스 학교 27
폴리 톰슨 79
프랜시스 버넷 33
프랭클린 루스벨트 104
픽토그램 56